徑山民間傳說

陈宏 著

杭州出版社

图书在版编目（CIP）数据

径山民间传说/ 陈 宏著.—杭州：杭州出版社，2008.2
ISBN 978-7-80758-065-2

Ⅰ.径…　Ⅱ.陈…　Ⅲ.民间故事-作品集-杭州市
Ⅳ.I277.3

中国版本图书馆CIP数据核字（2008）第015135号

出版发行　杭州出版社
杭州市曙光路133号　邮政编码 310007
www.hzcbs.com
E-mail:hzcbs306@hotmail.com
责任编辑　应伯根　冯其华
封面设计　杭州典范文化传播有限公司
书名题字　吴佩翔
印　　刷　杭州余杭人民印刷有限公司
开　　本　850mm×1168mm　1/32
经　　销　全国各地书店
印　　张　6.875
字　　数　126千字
版 印 次　2008年2月第1版　2008年2月第1次印刷
书　　号　ISBN 978-7-80758-065-2
定　　价　20.00元

杭州出版社发行部邮购（0571）87997719　87998021

序一

宋祖建

土生土长的陈宏要出书了，而且是一本关于径山的书，我感到由衷的高兴，因为我也是一个地道的径山人。老乡陈宏要我为他的书作序，我欣然应允。

径山镇是我和陈宏共同的家乡，地处杭州西北部半山区，是个历史悠久、文化积淀丰厚的地方。境内有上自马家浜文化、下至春秋战国时期的小古城遗址；有宋时被誉为“江南五山十刹”之首的径山万寿禅寺，是日本临济宗和日本茶道之源；有唐代茶圣陆羽隐居双溪撰写世界上第一部研究茶学专著《茶经》的陆羽泉遗址；境内的化城寺，是《径山藏》刻板的发行地，既是释家的大典，更是中华文化的瑰宝。历史上吴越王钱镠、北宋徽宗、南宋高宗和孝宗、清代康熙五位皇帝曾在径山留下足迹。还有张祜、苏轼、欧阳修、陆游、龚自珍、金农、徐渭等在径山留下了300余首唐诗宋词元曲……。径山镇不但人文资源丰富，而且自然环境优美。境内国家AAAA级景区双溪漂流、径山寺风景区、绿景生态园、陆羽泉公园等景区每年都吸引着上百万国内外游客。

径山悠久的历史长河里，文化灿烂、底蕴深厚。作为径山人，我们感到自豪，深感荣光。面对老祖宗留下的这些财富，如何发掘和弘扬，并为径山的发展所用，我们也感到任重而道远。陈宏不愧为径山土生土长的“民间艺术家”，他在这方面做出了有效的探索，经过26年的努力，他的《径山民间传说》一书就要出版了。

说起陈宏和民间传说的结缘，可以从20多年前说起。20世纪80年代初，陈宏和我一起在双溪工作，从那时起他就开始从事基层文化工作。在艰苦的工作环境和文化贫乏的山村村落里，陈宏凭着一股子山里人的热情和韧劲，把双溪的文化工作搞得红红火火，参加工作的第二年，文化站就被评为杭州市先进集体。也就是从那时起，陈宏开始着力收集整理当地的民间传说，并不断地在广播电台、报纸杂志上公开发表，美女山、将军山、同安天门等一些传说故事就是那个时期的作品。

陈宏着力于弘扬径山的文化可以说是不遗余力。作为一个并不起眼的镇文化站站长，他几十年如一日，兢兢业业地奋斗在基层文化事业上，并主编和策划出版了十余部有关径山的书籍，挖掘并恢复了径山百人茶艺队、径山禅茶文化鼓乐队、径山茶灯队、长乐草龙队等近30支民间艺术队伍。对于民间传说，他更是有一种近乎痴迷的钟情。近30年来，他放弃休息、走村串户，搜集了150多个民间艺术作品，将这些散落在民间并濒临失传的民间艺术整理成文，抢救了一批径山民间文化。

这次精选了其中的60个民间传说，汇编成《径山民间传说》一书，不仅为保护和传承及弘扬径山民间艺术出了很大的力，也成为径山镇一份不可多得的非物质文化遗产。同为径山人，我要由衷地感谢他为弘扬家乡浓厚的乡土文化——径山禅茶文化做了一件大好事。

《径山民间传说》的公开出版，应该说不仅仅只是陈宏个人在民间艺术方面取得的一大硕果，也是径山文化事业的一项成就，更是为生活在157平方公里的4万径山人民增辉。最后，祝愿老乡陈宏今后在禅茶文化挖掘整理上取得更丰硕的成果。

序 二

顾希佳

《径山民间传说》，是陈宏先生用了好几年的辛勤劳动，在径山一带向民众采集那些千百年来世世代代口耳相传的口头文学作品，并加以认真整理而奉献给大家的一份厚礼。本人有幸在它出版之前就拜读了全部书稿，欣喜之余，觉得有责任说几句话，作为对读者的介绍。

民间故事不同于作家的书面创作，它是讲出来的。它在民间的原生态，就是我们通常所说的讲故事。这种讲故事的民俗活动，在我们小时候，还十分盛行。那时候的文化生活比较单调，劳作之余，许多人就会围坐在一起，听其中某位能说会道的人眉飞色舞地讲故事。有的人记性好，又有讲故事的天才，他肚子里就会积蓄了一肚子的故事，总也讲不完，令周围的人羡慕不已。后来，识字的人多起来了，书报多起来了，有人喜欢读书看报，听故事的人逐渐减少。再后来，有了收音机、电视机、计算机，许多现代化传媒进入千家万户，现如今连一家人坐在一起说话聊天的时间也变得越来越少了。讲故事的文化生态环境发生了急剧变化，讲故事这种民俗活动也已经从我们的日常生活中逐渐淡出。当年会讲故事的能人大多年事已高，而青年人中擅长讲故事的，则已成了凤毛麟角。从这个意义上说，民间故事作为一种弥足珍贵的人类非物质文化遗产，正需要我们花大力气去保护。

陈宏先生长期从事乡镇文化工作，对于家乡的民间文化情有独钟。近年来，他又利用工作之余，走村串乡，拜访了当地不少会讲故事的民众，从他们的口中，认认真真地记录下了一则则鲜活生动的传说故事，拿来结集出版，实在是地方文化建设中的一大好事。

收入这个集子里的作品主要有两类。一类作品是径山地方传说。径山的山山水水，每一个小地名几乎都蕴藏着一则关于它的由来的解释性传说。当然，这种传说可能会与史实有些出入，在不少传说里，径山先民总是借着某个地方风物的某个特征，加以丰富想像，甚至虚构出一系列充满幻想性的情节，用来传达他们对家乡山川的热爱，对劳动的热爱，对高尚道德情操的赞颂。这样的地方传说，虽然不是如实地反映历史事实，却是艺术性反映了历史的本质方面，传达出径山先民对于历史、对于历史人物的评判，因而具有极高的文化史价值。

还有一类作品是通常称为狭义的民间故事。它的流播地域一般都很广。有的故事，甚至已经成为一种类型，在世界上许多国家的口头讲述中都可以听到。比如收入本书的《田螺姑娘》《天财地财》《一只虱子百亩田》等，就是如此。这一类故事究竟是什么时候流传到径山民间的？如今已经很难考证了。它好比是一朵小小的蒲公英，随风飘荡，可以飞得很远很远，不过它又总会在某个地方停留下来，然后又生根开花。久而久之，它在那里住久了，也就带上那个地方的风情，成为那里的特产。前面提到的这一类故事，它们的情节结构往往与我们在别地听到的大致相仿，不过你又总能够发现，其中会有某些情节，或是细节，是与众不同的。我们不妨将它称之为“径山版”的《田螺姑娘》，“径山版”的《天财地财》。就说《一只虱子百亩田》这个故事吧，学术界一般称它为“狗耕田”型。早就有前辈学者对它展开过专题性的比较研究，论中国的“狗耕田”型故事有什么特征，日本的“狗耕田”型故事有什么特征，而流传在朝鲜半岛上的“狗耕田”型故事又有什么特征。从一个普普通通的民间故事里，可以探寻出有关民族文化的深奥哲理来。现在我们又欣喜地读到了陈宏先生在径山民间采录到的“狗耕田”型故事，因为历史上径山一带多寺院，于是这个故事又跟佛教文化产生了某种牵连，这却是在别地的同类型故事中很少见到的一种文化因子。

我们知道，余杭区的民间文学采录工作是有着光荣传统的。1985年，浙江全省范围内的民间文学普查，就是率先从余杭开始的。当年称余杭县。余杭县经过近两年时间的努力，1987年又在全省率先内部出版了《中国民间文学集成·浙江省余杭县卷》，给全省民间文学界做出了榜样。20年过去了，今天我们又高兴地读到了这一本《径山民间传说》。作为一本乡镇的民间故事集，作为一位民间文学工作者个人采集的民间故事集，它似乎也有着某种尝试性的意义在里面。记得一年前中国民间文艺家协会派专家来余杭考察，准备命名余杭区为“中国故事之乡”，当时我们就曾经讨论过一项动议，希望余杭区能率先编辑出版民间文学集成的乡镇卷。这件事在操作过程中会遇到不少困难，不过事在人为，只要我们大家努力，相信还是可以办成功的。在某种意义上说，《径山民间传说》的出版也是在为这个工程添砖加瓦，所以我们就更加应该为它鼓掌了。

目　录

山名的传说

堰坝的传说

人物的传说

徐文长的故事

法钦创建径山寺

唐朝开元年间，江苏昆山出了个姓朱的读书人，这个人自幼饱读儒书，满腹经纶，年纪轻轻就考中秀才。22岁那年，他离开家乡，上京赶考。这天，途经丹阳地界，听说当地有个鹤林寺，寺内主持元素禅师是佛界高僧，才学惊人，这个姓朱的学子就要去鹤林寺求见元素禅师。

说来也奇怪，这个姓朱的学子仿佛与元素禅师一见如故，本是一次礼节性的见面，可俩人却从早上一直聊到了晚上。这一聊，聊出事情来了，姓朱的学子为元素禅师精深的佛学所叹服，竟不愿上京考什么功名，非要在鹤林寺出家，跟随元素禅师研究佛学不可。元素禅师对他的悟性也大为赞赏，便亲手为他剃度，并给他取了一个法号叫“法钦”。

法钦天生就是块学佛的料子，几年下来，居然把元素禅师肚里的佛学全都学到手，元素禅师对他也刮目相看，暗暗把他当作了自己的继承人。

又过了几年，到了天宝元年，法钦28岁了，屈指算来，他在鹤林寺已住了6年，他也看得出恩师元素有意让他继承衣钵，可他却有着自己的想法，想去外地建一所寺庙，也好中兴佛教，让更多的人来信佛。

这天，元素禅师刚刚打坐完毕，法钦就从外面走了进来，他朝元素禅师磕了几个响头，说是要去四处游历，觅地建寺。元素禅师听后又是喜又是惊，喜的是自己没看错这个徒儿，他的确是一块光大佛学的好料子；惊的是自己把他视作接班人，他一走怎么办？沉思半晌，元素禅师还是答应了法钦出游的要求，说不定法钦这一走，日后国内又会出个名寺。于时，元素禅师便念了一句偈语："乘流而行，遇径即止"，作为临别赠言。

告别了恩师，法钦遵照恩师所说，乘流而行，沿着京杭运河来到了余杭境内，这天，他走到一座山前，见此山十分俊秀，便寻人打听山名。找来找去找不到人，他便向山里走去，终于找到了一位砍柴的山民，便上前向他打听山名。那砍柴的山民告诉他："这座山是天目山的径路，所以我们都叫它径山，又叫它径坞。"听山民这么一说，法钦当即眼睛一亮，为啥？他听到"径山"，即刻想起了恩师赠他的偈语"遇径即止"，看来自己的归宿就在这里了。法钦谢过山民，当即登上了径山。

法钦来到山上，四处察看一番，觉得风景秀丽，是个好地方。于是觅得一块空地搭建了一座茅屋，作为自己的栖身之地。从此以后，他就在这里向山上的山民及上山打猎的乡亲宣扬佛法。

法钦上山没多长时间，老天突然下了一场罕见的大雪，大雪封山，法钦断粮了，怎么办？是下山还是继续留在山上？法钦没有迟疑，继续呆在山上，饿了就喝雪水，等待天放晴了，再去野地里寻找食物。好不容易天放晴了，上山打猎的山民为法钦的精神所感动，纷纷给他带来了一些食物。

这天早上，法钦正坐在茅屋门口诵经，一个白眉毛老人不知从哪里走了过来，一下子跪在法钦面前。法钦大吃一惊，当即扶起了老人，问道："老先生是何处人士？为何这么冷的天还要上山？"

白眉毛老人笑了，冲着法钦拱了拱手，说道："师父，你来了，我就得走了，从此以后，这山就交给你了。"

法钦听老人叫他"师父"，不由十分奇怪，不解地

问道：“你是？”

“呵呵……，”白眉老人撸撸胡须，说道，“我是本地龙神，掌管着山上的五口龙湫。千百年来，我一直在等待一位能振兴本山的人。你来了我就可以走了。你来径山后我一直在暗中观察，看看你是否就是我要等的人。经过这些天的观察，我觉得你是个好人，一定能振兴本山，你就是我千百年来要等的人！所以，我要走了，我要把这座山让给你了。我走了之后，我所掌管的龙湫便会全部干涸，为了方便你的饮水，我特地在北峰阳处给你留了一穴，还赠你庵舍一间，以助你在本山创业。”说罢，白眉毛老人“哈哈……”一阵大笑，顿时化作龙形，腾空而去。

一时间，电闪雷鸣，风起云涌，十二月的天气竟变得像黄梅六月天。只一会功夫，天又重新放晴，法钦这才知道自己遇到了真正的龙神，他将信将疑来到北峰阳处，果然看见有一座新落成的庵舍，旁边还有一穴清泉。法钦高兴万分，当即跪地，对天长拜。为了纪念龙神，法钦把那清泉命名为“龙井”，然后搬进了新落成的庵舍，从此便在这里设坛讲佛，开山建寺，称为“径山寺”。

“神龙让法钦”这件事很快就在老百姓当中传开了，乡民们七嘴八舌，把法钦传得比神仙都还要神，都说这个人不简单，七传八传，方圆十里的乡亲们把这事说得有鼻子有眼的，有的人干脆说是自己亲眼看见的，一时间，山下的百姓对法钦崇拜得不得了。

这样一来，原本冷清的径山便变得热闹起来，山下的百姓纷纷上山进香，径山寺也就一天比一天兴旺起来。

讲述人：俞清源　男　1929年7月生　长乐人

讲述地点：径山村径山寺

记录时间：2002年1月

径山铜钟

径山人常常说："径山穷，径山穷，还有三万六千斤铜。"这句话说的就是径山铜钟。谈起径山寺里的这口铜钟，还有一个充满神秘色彩的传说哩。

当年径山寺六十代主持是普庄禅师，寺院的晨钟不够响亮，不够气派，与寺院的名气不相配，下决心要造一口大铜钟。于是他就带领徒弟四处化缘，经过几个月奔波，终于筹集到黄铜几万斤。万事具备，只欠东风，缺的就是造铜钟的铜匠。56岁的普庄方丈望着堆积如山的黄铜，睡不甜，吃不香。

一天清晨，一位老头早早站在寺院门外。只见他浓眉大眼，炯炯有神，头发花白，披肩散发，既有文貌，又有武相，自称是会铸造万斤大钟的铜匠。普庄方丈闻讯后，连忙把铜匠迎到客堂，传徒弟们以径山茶宴礼待。一边品尝径山香茗，一边谈论铸造大铜钟的事。铜匠品了一口茶后道："好茶，好茶，香！"普庄方丈说起造铜钟的事，铜匠却若无其事地品了口茶，又说："好茶，好茶，香！"普庄方丈一再催促，铜匠这才对方丈道："师父莫急，三个月便可竣工，你派8个僧人相助就可以了。”普庄方丈顿时眉开眼笑，双手合掌道：“南无阿弥佗佛，善哉善哉。”

第二天，铜匠到堆铜的地方转了一圈，吩咐来相帮的8个和尚敲铜块、打炉子、砍柴烧炉子炼铜水。铜匠自己却不见人影，今天到化城寺，明天到吉祥寺，后天到法华寺，东玩西看，若无其事。

一个月过去了，两个月过去了，铜块还是一堆一堆放着。普庄方丈心急如焚，找到刚从外地游玩归来的铜匠，问他何时铸大铜钟？铜匠笑道：“方丈莫急，三个月定能造好铜钟。”普庄方丈摇摇头，对他毫无办法，只好又说了句：“南无阿弥佗佛，善哉善哉。”心里却总是忐忑不安。

方丈离开冶炼场后，铜匠吩咐8个和尚，四个捣泥巴，四个捏模型。自己每天早上到冶炼场指手画脚，东讲几句，西说几声，半个时辰不到，又不见人影了。

七七四十九天过去了，普庄方丈心里总是不踏实，特意又以径山茶宴款待铜匠，诚心换真心，盼铜匠如期铸造好一口大铜钟。

九九八十一天过去了，冶炼场还是老膏一贴老样子。又过了几天，只剩下三天了，普庄方丈惊得团团转，睡也不是，站也不好，索性到禅堂打坐。到了子夜，忽然万道金光把禅堂照得通亮。方丈惊得毛骨悚然，虚汗直淌。急急忙忙冲去门外大喊：“不好了！寺院起火了。”谁知道方丈到门外睁眼一看，只见殿堂院房无损，倒是冶炼场地上烟雾迷漫，火光冲天，连忙奔过去一看，果然是铜钟造好了。

这一来，径山寺所有和尚人人兴高采烈，喜出望外。普庄方丈身披大红袈裟，率领全寺和尚团团围着铜钟四周，口念佛经，祈祷保佑，诵颂佛钟。铜匠亲自拆开模子，8个和尚到龙井取来仙水，把铜钟外面的泥巴

清洗干净，一会儿功夫，一口金灿灿的大铜钟就展现在大家面前了。

三个月的最后一天，普庄方丈摆设径山茶宴，以径山寺最高礼仪款待铜匠。铜匠临走的时候，又一本正经地对方丈说：“等我走后十二个时辰，方可敲钟，切记切记。”

送别了铜匠，方丈就把铜匠的吩咐一五一十告诉了敲钟和尚。敲钟和尚看看这金亮亮的铜钟，心里痒痒的，他想，这么大的铜钟，只怕敲不响，万一上了铜匠的当可不好办。倒不如早一点敲，试一试到底响不响。万一不响，去追那个铜匠也还来得及。于是不到一个时辰就急着去撞大铜钟，“铛、铛、铛”撞了三下。这时，才走了十几里路的铜匠听见钟声后，长长地叹了一口气，说：“没办法，钟声只能传到这个地方，再也传不远了。”他摇摇头走了。原来这个铜匠是神仙化身，等寺里和尚醒悟过来，早已经来不及了。所以这里的老人都说，当年如果按铜匠吩咐办，径山大铜钟的钟声就能传到百里以外。

讲述人： 俞清源　男　1929年7月生　长乐人

讲述地点： 径山村径山寺

记录时间： 2001年8月

径山大鼓

各地的寺庙都有钟鼓，径山寺号称“东南第一禅院”，当然也有钟鼓。径山寺不但有36000斤重的大铜钟，还有一只6尺开外的大法鼓。这只大法鼓有点特别，鼓面不用牛皮，却是用夏布绷起来的。

径山大鼓为啥用夏布来绷，据说跟明代清官海瑞有关。

明朝嘉靖年间，海瑞经常微服私访。他来到嘉兴湖州一带，见这一带的男女老少成群结队，纷纷从运河、苕溪水路和杭宣古道，到径山进香。径山寺的香火为啥这样兴旺？海瑞有心要去看看。

启程前，海瑞戒荤三天，全身沐浴，着上便装，带上两名侍从同行，从东苕溪乘一只小筏逆流而上，经北苕溪到里洪船桥上岸，步登直岭到东涧桥旁农家吃一碗素面。休息片刻，登石阶上山8里路，就到了山门。海瑞抬头望去，只见寺门上孝宗亲笔御书：“径山兴圣万寿禅寺”额匾醒目耀眼。他一边看匾，一边跨进门槛，一不小心差点跌个仰面朝天，幸亏两位侍从及时扶住。进门后，海瑞走了十几步路，又差一点滑倒了。

海瑞弄不懂了，就对边上的两名侍从说："本官上不欺天神，下不虐黎民，这次上山戒了三天荤，洗得干干净净，穿上了新衣裤，也算得上虔诚了，为啥老是跌跤，难道我做错了啥事吗？"两名侍从低头不语，不知如何回答方好。这时候，刚路过海瑞身边的和尚却早已听在耳朵里，就不客气地对他说："罪过！罪过！施主的靴子是牛皮做的，菩萨明察秋毫，恐怕就是这个缘故吧！"

和尚这么一说，海瑞心中一个格登，也就不再多说，自管三人向里走。只见韦驮殿香烟缭绕，梵音四起，原来和尚正在做佛事。海瑞在韦驮殿门口站了一息，已到傍晚，和尚佛事做完，一个和尚来到鼓楼，海瑞一行也登上鼓楼。和尚正要敲鼓，海瑞却忍不住开了口："这面法鼓不也是牛皮绷的么？身为菩萨真神，不律己，何以戒人！"海瑞这话的份量很重，菩萨有点吃不消了。海瑞话音刚落，只听得"嘭！"

的一声，大法鼓上的牛皮早已爆得粉碎。

这一声巨响惊动了整个径山寺，方丈急匆匆赶到鼓楼，这才知道今天是海大人微服上山，刚才有个和尚说海大人的靴子是牛皮做的，存心要吓唬他，谁知道反倒被海大人抓住了把柄，弄得菩萨下不了台，你说这件事奇怪不奇怪？

海瑞下山后，方丈马上指使和尚修鼓，并且再三叮嘱，不许再用牛皮，改用夏布来绷大法鼓的鼓面。据说从此以后径山寺就有了这个规矩，夏布绷鼓面一直沿袭到今天。

讲述人：俞清源　男　1929年7月生　长乐人
讲述地点：径山村径山寺
记录时间：2001年8月

夜修双径路

传说径山是韦驮菩萨修炼得道的地方。老人说，径山寺唐朝就有了，宋朝时香火很旺，都说径山寺是江南五山十刹之首，不过，后来径山寺的香火却一天天冷落了下去。

日管天目夜归径山的韦驮菩萨，一天傍晚驾着祥云，从天目回到径山，只见两条上山的道路杂草丛生，石级残缺，望江亭早已坍倒一半，他的心里非常难受，就琢磨着修好山路的办法。

一天夜里，韦驮给径山周围几十里方圆的老百姓托梦，说是这天夜里要修两条上山的路，大家动手，捐献材料，齐心协力，一定要在天亮之前把路修好。

说来也怪，这天夜里，这一带千家万户的老百姓都做了一个同样的梦。

大家从睡梦中醒来，说是菩萨显圣，谁也不敢违反，就争先恐后上了山。刹那间，灯笼火把仿佛两条火龙，在山间盘旋，抬石头的抬石头，搬砖头的搬砖头，人山人海，热火朝天，从下而上，逐级修筑，直到山门前，两条路会合。这时候刚好金鸡报晓，东方吐白。

修好路，大家各自回到家里，已是筋疲力尽，肚子饿得咕咕叫，想到灶房里做早饭吃。一到灶房，大家都呆住了，咦！灶头哪里去了？只见锅子底朝天扑在地上，满地都是碎泥。是谁拆了自家的灶头？再一拍脑袋，终于醒悟过来。刚才一时糊涂，是自己把自家的灶头拆了。半夜里，他们为了赶时间抢修双径路，一时缺少砖头，就回到家里把自家的灶头拆掉了，你说奇怪不奇怪？

讲述人：俞清源　1929年7月生　长乐人

讲述地点：径山村径山寺

记录时间：2001年8月

川字石

径山上有一块巨大的石屏，石屏上有两条深深的裂缝，远远望去，就像一个巨大的“川”字，很是奇特。所以人们把它叫作“川字石”，也有人称它为“喝石”。有个在径山寺里做过和尚的老人说，这块石头原来并没有裂缝，也不像“川”字，说起它的来历，据说还跟径山的开山祖师法钦禅师有关呢。

那时候，法钦禅师在径山上创建径山寺不久，京城长安就有妖道作法，把京城著名寺院里的禅师都赶跑了，一时闹得乌烟瘴气，许多寺庙都关了门，情况很不妙。法钦听到这个消息后，心里很是不安，有心上京城去与那些妖道斗一斗。可他知道，那些妖道有妖法有武功，而自己有满腹佛学却无半点武功，恐怕不是那些妖道的对手。

这天，法钦讲法完毕，送走了善男信女，他一个人在山上闲逛，七走八走，来到一块巨石旁，闭目沉思，又在想如何对付京城妖道的问题了。

不知过了多少辰光，突然有一个大汉走了过来，他来到法钦面前，当即跪倒在地，大叫“师父”。法钦睁开眼睛一看，不由吃了一惊，连忙上前将大汉扶了起来，仔细地朝那大汉打量了一番，这个人长得身高一丈二尺，肩宽一围有余，浓眉大眼，面红唇紫，长得一股异相。这个人从来没有见过，他为何要跪在我面前呀？于是便连忙问道：“施主何方人士？为何称老衲为师？”

那大汉开口说道：“我乃天目巾子山人，姓宋名慧。”

听他道出姓名，法钦细细一思索，自己从来没听说过宋慧这个名字，不由又问：“施主刚才为啥喊老衲为师？”

那大汉重新朝法钦施了个礼，这才不紧不慢地说道：“我自幼得异人相授，身怀绝技，力大无比。当年传我功夫的异人对我说，若是国家有难，我就应该倾力相助。如今京城妖道作法，弄得百姓遭殃，我怎么可以不管呢？可又一想，光凭我一个人的蛮力是不行的，我得学些佛法，用佛法去战胜他们。文可与他斗法，武可与他斗力，让妖道输个口服心服，所以我一直想找个名师学些佛法。昨天晚上，教我绝技的异人突然托梦给我，说是径山上的先生是个满腹佛学的得道高僧，要我从速赶来拜师。于是，天一亮我就一路小跑赶过来拜师学佛了。”说着，宋慧双腿一屈，又朝法钦禅师跪了下去。

法钦高兴呵！自己正苦于没有办法与妖道相斗，

如今用我的佛学，用大汉的武功，定能除掉妖道，振兴佛学。想到这里，连忙上前一步，又将宋慧扶了起来，当场便想授他佛学。可话到嘴边，他一想不对，耳听为虚，眼见为实，还不知这眼前的大汉到底有多少实力，觉得还是得先试试他的实力再说，如果真的力大无穷，再传授他佛学也不迟。于是，他便对宋慧说："施主，你说自己力大无比，究竟如何个力大无比？能否显一下身手，让老衲看看你的功夫，如何？"

宋慧一听法钦要试他功夫，当即点头说道："没问题，师父，你说吧，要怎么试？"

法钦是个文人，从来没有试过人家武功，也不知武功该是个如何试法。他朝四周望望，看见身边那巨大的石屏，顿时就有了主意，指指石屏，对宋慧说："施主，我看这样吧，这里有座石屏，你若能大喝一声，令石屏断裂，老衲就收你为徒。"

听法钦说完，宋慧仔细地朝石屏打量了一番，当即豪气冲天地说："好的，师父，没问题！"说完，他便让法钦禅师站到了自己的身后，自己面对石屏摆开马步，当即凝神运气，将内力聚集在丹田，猛然间"嗨……"地大喝一声。这一声喝去，只听一声巨响，地动山摇，飞沙走石，那石屏顿时被喝出的巨力震出两道深深的裂缝。好好的一块石屏，顿时竟成为一个巨大的"川"字。法钦惊呆了，当即欣喜若狂，连称："好功夫，好功夫！"随即便上前一步，拉着宋慧的手，急

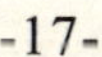

急忙忙地把他带到寺内，亲手为他剃度，收他为徒。

法钦为了除掉妖道，中兴佛学，教得十分用心，恨不能倾其所有，一下全都灌进宋慧的脑子里去。再说那个宋慧，他经过异人的点化，早就非同凡人，不但武学惊人，佛学也学得飞快。在法钦的认真传授下，仅仅几个月时间，他就将法钦的佛学学到手了。这天，他告别恩师，下山直奔长安，去与妖道斗法。由于得到了法钦的真传，宋慧文武双全，很快便战胜了妖道，得到了皇帝的赏识。作为师父，法钦也因为有了宋慧这个出色的徒弟而被皇帝请到了京城，并被封为“国一大觉禅师”。

宋慧离开径山后，那块“川字石”永远留在了径山，法钦收徒喝石的故事也在径山流传了开来。久而久之，这块“川字石”成了径山的一道风景线，上山观光的人总要过去看看。

讲述人：俞清源 男 1929年7月生 长乐人

讲述地点：径山寺

记录时间：2002年1月

洗砚池

径山寺大门前，御碑亭下坡的山岙里有个小山塘，常年不枯，塘水清澈，周围翠竹葱葱，倒影在水中的竹影，犹如一幅山水画，这口山塘，叫做洗砚池。据说是当年苏东坡用来洗笔砚的。

苏东坡是个大诗人，不管走到哪里，总是喜欢吟诗作画，舞文弄墨。他当年三次上径山，就作诗十二首。

有一次，苏东坡上径山，坐在现在的御碑亭旁的大石桌上，唤随同摊开宣纸，端上砚台，磨起墨来。苏东坡大笔一挥，“众峰来自天目山，势如骏马奔平川。”这时候正好有一只山鸟从他头上飞过，停在十几

米远的毛竹上啼叫："苦苦苦。"苏东坡听后心里好不舒服，随手将毛笔掷向山鸟，山鸟"哇"的一声就飞走了。苏东坡又拿起一支毛笔继续作诗。

苏东坡写好诗，要亲自去洗笔砚。说起来，径山寺里只有龙井，龙井是不能洗笔砚的。陪同的和尚就向苏东坡指点，说山岙的塘里可以洗笔，苏东坡来到山塘边，将毛笔、砚台放入塘水洗汰。谁知道这一洗却把东坡大人惊住了，这一塘清澈的水一下子竟全都变成乌黑的了。怎么办？苏东坡就想去拿些螺蛳来放养，也好澄清塘水。可径山寺哪有螺蛳呢？

苏东坡跑到望江亭朝周围一看，只见远处有一个草舍，炊烟袅袅，他急忙跑到那里去。一位农妇正准备将一碗螺蛳倒在锅里去炒。苏东坡连忙上前夺下农妇的碗，一边说："大嫂，这螺蛳我买下了。"农妇说："客官莫急，等我把它烧好，再送与你也不迟。"苏东坡解释道："大嫂误会了，我是想买下这碗螺蛳去放生的。"农妇说："这些螺蛳都剪过屁股了，还能活吗？"苏东坡说："能，能。"

苏东坡把这碗螺蛳拿来倒进山塘里，这才算松了口气，准备回寺庙休息。这时候，他又发现路两旁的毛竹竿上全是墨汁斑斑，他猛然想起刚才自己用毛笔掷山鸟的事，连忙吩咐随从，到山塘弄来水，把竹竿上的墨渍洗掉。可惜的是因为时间长了，墨汁渗进竹皮里，洗来洗去洗不掉。

过了一段辰光，塘里没有尾巴的螺蛳居然全都活起来了，水也清了。渍在毛竹竿上的墨纹却一直没有褪掉，这种有斑纹的毛竹也一直传到了今天，被人们称作“斑竹”。

讲述人： 俞清源　男　1929年7月生　长乐人

讲述地点： 径山村径山寺

记录时间： 2001年8月

佛圣水

老底子上径山是要走上去的，那时候还没有修公路，从桐桥上径山的路已经称得上是一条大路了。过去上山烧香的人，都走这条路。

从这条路上山，走到半路，会发现路边有一块石壁，那石壁上刻着“佛圣水”三个正楷大字。在这三个大字的右下方，有一个不被人注意的小洞，这个小洞过去长年不息地往外流水，从这小洞淌出的水就是人们所说的“佛圣水”。

为啥要称这个小洞流出来的水为“佛圣水”呢？喏，听老辈讲，这里面还有一个故事呢。

径山上的“径山禅寺”，相传是唐朝代宗皇帝封的，由于是皇帝封过的，所以径山寺名列众寺之首，一直香火很旺，连日本都有人过来朝拜和学习。南宋建都杭州后，杭州到径山的路比较近，一些皇室人员便隔三差五地要来径山烧香。

这一年，孝宗皇帝听大家说径山寺如何如何地好，不由也心血来潮，说要去径山看看，顺便朝山进香。皇帝进香，自然要有大队人马。一帮人浩浩荡荡从杭州出发。到了老余杭，余杭县令早带着一班人在那里迎接了。两班人员一会合，再从老余杭赶往径山。一路上抬轿的抬轿，骑马的骑马，走路的走路，热闹非凡。那时候，正赶上大伏天，太阳晒在人身上真叫热呀，简直要晒起泡。大队人马过了桐桥，走了大约一半路，衣衫全都湿透了，一个个嘴干舌燥，大汗淋漓，人和马全都走不动了。

孝宗皇帝虽然自己坐着轿子不用走路，不过也热得受不了，看到官兵们这副模样，便发令让大家休息一会再走。

皇帝一声令下，众官兵纷纷寻个树阴的地方坐了下来。大家一坐了下来，当即想到喝水，可这里前不着村后不着店，四周又没有水塘，上哪去找水喝呀？大家无奈，要那个余杭县令想办法。余杭县令自己都燥得舌头起泡，有啥办法？无奈，只有给大家讲那个“望梅止渴”的故事，要大家想想梅子，来它个“想梅止渴”。

正在这个辰光，突然“咔啦啦”一声晴天霹雳，紧接着就是一阵地动山摇，猛然间，在那石壁上突然出现了一个小洞，从小洞中一时间竟流出了一股清泉。这股清泉一直流到了旁边的一个小潭里。大家一时间都看呆了，好半天才醒悟过来，这是上天有眼，给我们送水来了呀！大家纷纷赶到潭边，饮水解渴。

众人喝过泉水，又恢复了体力，这才登上径山。到了径山寺，喝着当家和尚泡上的径山茶，孝宗皇帝不由又想起了刚才那个小洞中的泉水，对余杭县令说：“要不是那半途中突然而来的泉水，也许这时我们还不可能在此喝茶呀。”

余杭县令当即拍马屁：“皇上亲自朝山进香，感动了佛祖，刚才那清泉是佛祖替我们送来的圣水呀。”

孝宗皇帝一听，当即“哈哈”大笑，连声称赞：“说得好！说得好！”

从此，当地的老百姓就称这山洞中流下的水为“佛圣水”了。

讲述人：俞清源　男　1929年7月出生　长乐人
讲述地点：径山寺
记录时间：2002年1月

径山和尚死守独松关

那一年，金国四太子金兀术率领千军万马向南攻打，从宣州、广德一路直奔南宋京城临安而来。

这天，金兵已经到了南宋京城最后一道防线独松关。守关将士英勇抗敌，一批批将士倒下，又一批批将士从后方赶来。独松关两边山沟里流着鲜红的血，山上堆满了尸体。金兵越战越多，宋军越打越少。北边战鼓隆隆，南边一片寂静，战事十分危急。

独松关军情火速传到余杭，县城已经乱成一片，县令曾悬急得团团转，不知如何是好？坐而待毙还不如去拼个鱼死网破，曾悬一咬牙，就与县丞徐聿成率领众衙差百余人，马不停蹄赶往独松关迎敌。快到双溪时，县丞徐聿成忽然想到径山寺，便向县令曾悬建议，是否请径山寺住持梵仁共同御敌？心急如焚的县令当即称好，立马派县尉杨汝为上山请求。

县尉杨汝为策马过船桥，翻直岭，越东涧桥，直上径山寺，敲开寺院大门，向住持梵仁禅师求援。梵仁禅师深明大义，立刻召集寺院内精壮寺僧500余人，连夜下山，赶往独松关。

梵仁禅师人高马大，练就一身武功，站如松，坐如弓，跑起路来步似风，不一会工夫，众寺僧已跑到伴仙村，与县令曾悬会合，还未等他们交谈，忽听见山上人声嘈杂，一支举着“金”字旗帜的队伍冲下山来。梵仁禅师把县令身上的剑拔了过来，双手捧着剑，众僧双手捧着练功木棒，一道口里念念有词道：“南无阿弥陀佛。”梵仁禅师大喊一声：“开戒！”挥舞宝剑，率众弟子向金兵迎面冲去，梵仁禅师自己冲在最前面，一剑挥过，把“金”旗撕成碎片，弟子挥舞着木棒把金兵打得七窍生烟，一败涂地，不到二刻钟就把独松关夺了回来。

独松关虽然夺了回来，但梵仁禅师的弟子也已经死伤一半。

第二天中午，大批金兵又气势汹汹地向独松关冲杀而来。梵仁师徒们勇守关口，打退了一次次进攻。梵仁禅师身上多处受伤，仍在独松关上站立如松，岿然不动，县令曾悬多次劝说他下山到釜托寺避养，弟子要抬着师父下山，都被梵仁禅师拒绝。傍晚，金兵从四面包抄攻关，这时候，四面八方金兵满山，梵仁师徒们视死如归，奋勇拼杀，终因寡不敌众，又无援兵，众寺僧魂断独松关，梵仁禅师站立殉国。这个传说从此就一代代传了下来。

讲述人： 俞清源　男　1929年7月生　长乐人
讲述地点： 径山寺
记录时间： 1986年8月

佛指园

公元742年，在丹阳鹤林寺跟随元素禅师学佛的法钦，已经28岁了，曲指算来，他在鹤林寺已住了6年了，他也看得出恩师元素有意让他继承衣钵，可他却有着自己的想法，想去外地建一所寺庙，以期中兴佛教，让更多的人来信佛。

于是，法钦就拜别元素禅师，乘流而下，沿着京杭运河来到了余杭径山，在径山的北峰，觅得一块空地创建了径山寺，在此向山上的山民及上山打猎的乡亲宣扬佛法。

法钦跟随元素禅师多年，不仅学会了佛学，而且也与元素禅师一样，爱上了饮茶。一到径山，他就觉得此山土壤和气候都极易茶叶生长，能出好茶，当即利用自己所带的茶子，亲手植了几棵茶树，用来解决自己日后的饮茶问题。

几年过去了，茶叶长势很好，果然像法钦所预料的那样，径山能出好茶，那茶经泉水冲泡，茶气四溢，喝一口满口余香。但是，茶叶的生长却比不上僧侣发展的速度，由于法钦被封为“国一大师”后声名远扬，不少僧人全都从全国各地慕名而来，甚至从日本都有和尚赶来拜在法钦门下。这样一来，法钦所种的茶叶就不够喝了。僧侣们喝不到茶叶，就去采摘其他植物的叶子冲泡，充当茶叶。

法钦饮惯了茶，没茶喝他受不了。可他自己喝茶，其徒子徒孙们喝树叶冲泡的茶他更受不了！怎么办？加大茶叶种植面积，可远水救不了近火，鞭长莫及呀。况且山地崎岖，光开荒就得有一段时间。

法钦天天为此苦恼。这天，他突然想起，自己刚来径山建寺时，亲手所搭一个茅屋，恰逢大雪封山，自己不畏艰苦，坚持守在山上，结果感动了佛祖，佛祖派来了龙神，赠与庵舍一间，并留了一口龙泉……

想到这里，法钦心里亮堂了，对，有困难，找佛祖！

第二天，法钦淋浴更衣，一早就叩拜在佛祖神像面前，口中还念念有词，求佛祖设法为他解决饮茶问题。

一连三天，法钦天天起早就淋浴更衣，在佛祖神像面前叩拜。

到了第四天，法钦依然如此，拜好佛祖后，法钦信步走到寺门口，望着那孤零零的几棵茶树发呆。正在此时，突然间一道金光闪过，一个白眉老人出现在法钦面前，微笑着说："师父何事烦恼？"

法钦定睛一看，此老人不是别人，正是当年赠他庵舍和龙泉的径山龙神，当即便跪了下去，说道："小僧叩谢龙神，多谢龙神当年所赠庵舍和龙泉，这才使小僧能顺利地创建起本寺。但如今小僧又遇到了麻烦，本寺僧侣的饮茶问题无法解决。”

龙神撸撸胡须，哈哈大笑：“师父，我自从把径山交给你之后，就跟着佛祖去了，如今也已成佛，佛祖知你有此困难，特地让我带路，前来给你解忧排难了。”说着，他手一指，又说：“你看，谁来了？”

法钦瞪大眼睛，顺着龙神所指之处望去，只见一道金光闪过，佛祖释迦牟尼果然出现在他的身边，他顿时全身伏在地上，连声说：“小僧法钦叩见佛祖！”

佛祖佛尘一挥：“法钦，不必多礼！”顿时，法钦就身不由己地站了起来。

佛祖又说：“法钦，你来径山几年，我一直委派龙神在暗暗观察你。你不错呀，你为光大佛学做了很多事，短短几年，径山寺就有了如此规模，要不了几年，径山寺将成为江南五山十刹之首呀。”

法钦连忙说：“那全靠佛祖的庇护！”

佛祖笑了：“哈哈，听龙神说你正在为饮茶之事烦恼，这样吧，吾今天就助你一臂之力，送你一个茶园。你可要记住，别忘了振兴佛学，发扬光大呀。”说着，佛祖伸出右手，朝着寺庙上方的山坡上一指，大声说道：“法钦，你看，这是什么？”

法钦顺着佛祖手指处望去，只见寺庙上方原先那块崎岖的山坡，一下子竟变成了一块平整的茶园。顿时大喜，连忙倒地就拜：“叩谢佛祖，叩谢佛祖！”

佛祖“哈哈……”地笑了起来，随着笑声，他与龙神一起随着那道金光消失在天空中。此时闻讯而来的全寺僧侣一个个全都看呆了，当即全与法钦一样，跪倒在地……

不一会，法钦爬上了山坡，来到了那块佛祖用手指指出来的茶园。只见那块茶园十分平整，足足有几十亩，不由欣喜若狂，当即将这块茶园定名为“佛指园”，因为这是佛祖亲自用手指指出来的呀！

从此，佛祖园盛产的茶叶便成了全寺僧侣的饮品，大约是佛祖亲手所指的缘故，那“佛指园”的茶叶香味特别浓郁，僧人们喝这个茶都喝上了瘾，有事无事都要冲上一杯，慢慢地，寺中僧侣形成了一种举办“茶宴”的习俗，每逢贵客来访，僧侣们必用“茶宴”来招待，将禅与茶融为一体。久而久之，径山茶便成了远近闻名的“佛茶”，前来径山学佛的日本僧侣还把它带到了日本，发展成了“日本茶道”。当然，这是另一个故事了，在此不表。

数年后，在法钦的努力下，径山寺发展迅速，要建新寺。法钦惦念着“佛祖园”，干脆把新寺的地基选在了“佛祖园”旁，如今的径山寺，后面那一大块茶园，就是当年佛祖亲手指出来的“佛指园”……

讲述人：陈雪梅　女　1963年10月生　径山村桐桥人

讲述地点：径山村桐桥

记录时间：2007年4月

径山伉俪

听老辈讲，清朝的时候，乾隆皇帝下江南时曾经携母带女巡游过径山，当时就住在径山脚下的化城寺里。

听说乾隆皇帝这个女儿并不是自己亲生的，而是一个已故大臣的孤女，乾隆皇帝把她收为养女。这次下江南，顺便就把她也带来了。可哪里想到，这个养女水土不服，一到径山就病倒了，经随驾御医诊治，发现公主的咽喉部长了个毒痈，不仅吃喝难咽，就连说话都十分困难。其实，这毒痈并没什么要紧，只需用小刀轻轻地一点，把那毒痈点破，脓血流出来也就好了。可偏偏这个公主生性胆小，尤其怕见刀子什么的。因此，不论随驾的御医如何劝说，她死活也不肯让他们医治。御医们一下子诚惶诚恐，一个个束手无策。乾隆皇帝眼见养女难受的样子，心里也很着急，当即便传下圣旨：谁能不用手术刀医好公主的毒痈，就将谁招为驸马。

却说径山当地有个郎中，姓陈，年纪不大，见识却不一般，经他的手治好的病人没有一千也过九百。就在乾隆皇帝传下圣旨的当天，他就跑到乾隆皇帝住宿的化城寺外，声称自己不用开刀就能医好公主的毒痈。于是，随驾的官员便将这个姓陈的郎中带到乾隆面前。乾隆一看，这个郎中白净面皮，年龄不大，也就三十出头的样子，长得一表人才，神态不卑不亢，内心里便先自喜欢几分。便问他有何办法能治好公主的病？陈郎中当即拿出随身携带的一支毛笔，说仅用这一支毛笔，就可医好公主咽喉部的毒痈。乾隆一听，不禁感到有几分疑惑，当既便威严地对陈郎中说："此事非同小可，你切不可儿戏。公主若有半分差池，朕要将你满门抄斩！"陈郎中不慌不忙地应道："请万岁爷放心，草民既然来了，决不敢大意，准保公主安然无恙。"

公主被宫女扶到陈郎中面前以后，听说他可以不用刀医好她的毒痈，便放心地让他医治。陈郎中让公主张开嘴巴看了看，让她把头低下，自己则取出一支毛笔和一罐熬好的中药，用毛笔饱蘸药液，然后跪在公主面前，将毛笔伸进公主的咽喉部，轻轻地一点，一股脓血便顺着笔杆，从公主的口中流进了事先预备好的玉盆之中。随后，陈郎中又取出另一罐熬好的药液，让公主漱了漱口，并将药液喝下。片刻之后，公主便感觉有一股清香气从腹腔直冲咽喉，顿时疼痛全消，咽喉部恢复如初。乾隆皇帝一见，当即龙颜大悦，便让公主先去休息。

公主刚刚离去，那陈郎中就一下子俯伏在乾隆面前，一边磕头不已，一边口称草民该死，恳请万岁爷恕罪。乾隆皇帝十分不解，便和颜悦色地对他说："你医好了公主，朕恕你无罪，有什么话你就大胆地说吧！"

陈郎中跪在乾隆皇帝面前，朗声说道："草民不该欺骗万岁爷。草民在给公主医病的时候，还是用了手术刀的，只不过这小手术刀藏在笔锋之中，公主不知而已。"

乾隆皇帝闻言，哈哈一笑，说："其实，在你给公主医病之时，朕就看出来了，你若不用刀，那柔软的笔锋焉能刺破公主喉部的毒痈？朕不仅不怪你，而且对你的变通之法予以褒奖。若非如此，焉能医好公主的毒痈？"

听了乾隆皇帝的这番话，在座的御医们一个个面红耳赤，羞愧得无地自容。

这时，陈郎中又朗声说道："草民斗胆，还请万岁爷收回招驸马的圣命，草民万不敢与公主成婚。"

此言一出，满座皆惊，乾隆皇帝也龙颜大怒，厉声说道："大胆！你来为公主医病，难道不是为了驸马之位吗？难道是朕的公主配不上你这山村郎中？"

陈郎中连连磕头，口称草民该死，然后直言说道："不敢蒙骗万岁爷，草民早已成婚，家有糟糠之妻。此番来为公主医病，并非贪图驸马之位，实乃出于救死扶伤之心。万岁爷圣明，国泰民安，草民早就想报效皇上，可一直没有机会。闻听公主有疾，草民斗胆前来，就是要为公主解除病痛，以报答皇恩。此乃草民寸心，还请万岁爷明鉴。”

听了陈郎中这番话，乾隆皇帝颇为感动，可转而一想：君无戏言，朕早已传下圣旨，谁能医好公主便将谁招为驸马，如果现在收回圣命，岂不是叫朕自食其言？想到此，心中不禁又暗暗作恼：好一个不识抬举的郎中，朕请你上轿，你却偏偏不上，竟然以糟糠之妻不可抛来搪塞于我。我今日倒要看看，你那糟糠之妻到底是个啥样的美人，究竟有何能耐，居然会让你连驸马都不当。于是，下圣旨宣陈郎中之妻王氏。

工夫不大，陈郎中之妻王氏身着蓝布长衫，青布衣裙，举止大方地来到乾隆皇帝面前。乾隆皇帝抬头将王氏细细打量一番，只见她既非红颜粉黛，更非绝色佳人，而是相貌平平，皮肤黝黑，体高魁伟，尤其是裙下露出一双大脚，足有一尺开外。见此大脚，乾隆皇帝禁不住“噗哧”一笑，脱口说道：“好一双大脚！实乃世所罕见。”

王氏见乾隆取笑自己，不慌不忙，从容应道：“脚大如船履惊涛。”

乾隆闻言又是一惊，没想到这山野村妇居然有如此才华，于是便有心试她一试：“依你所言，那定是脚大好了。可在朕的后宫之中，嫔妃婕妤皆是金莲小足，你说却又如何？”

王氏随声应道：“足小似舫过浪巅。”

乾隆皇帝自然听得出王氏是在讥笑三寸金莲行走不便，但却不得不佩服她出口成章，对答如流，于是便吩咐赐座奉茶。为了再试其才，乾隆皇帝信口说出一联："棉花织布布包棉。"王氏不假思索地对道："菜籽榨油油炒菜。"

乾隆又出一联："冠授官，官戴冠，官被冠管。"

王氏沉思片刻，大声对道："人敬仁，仁教人，仁者爱人。"

乾隆皇帝听罢，心悦诚服，既赞许王氏的才思敏捷，更赞叹陈郎中心智过人，医道高明，不图富贵，不弃家妇，实乃慈心仁厚之士。于是，他终于收回成命，再次传下圣旨：赐封陈郎中为"径山名医"，终身免赋。随后，乾隆皇帝又拿起大笔，写下"径山伉俪"四个大字，命工匠刻在匾上，赐给陈郎中夫妇，以表嘉许。

讲述人：赵大陆　男　1943年1月生　双溪村台山人

讲述地点：双溪村台山

记录时间：2007年8月

九龙瀑

乾隆皇帝几次下江南，总是一边周游山水，一边体察民情，但一些名寺名院必定亲临视察，烧香拜佛保佑天下风调雨顺，国泰民安，百姓五谷丰登，六畜兴旺，以此来表现皇恩浩荡。

乾隆第二次下江南，进住浙江府台官邸。府台又忙献殷勤以讨好皇上，大摆酒宴，山珍海味，佳丽美女，歌舞升平。可乾隆却无心体味，江南一带旱灾严重，百姓面临饥荒。聪明的府台觉察到皇上的心事，于是给皇上安排视察寺院进香拜佛。可府台一连报了几个寺院，乾隆皇帝总摇摇头。灵隐寺、国清寺……皇帝已去过。府台为选不出一个皇上称心如意的寺院而焦虑时，在一旁的仆人忙说：“皇上，离这儿不远的余杭径山寺曾号称天下第一禅寺。”皇上还是摇摇头。这时府台急中生智：“皇上，康熙万岁爷曾到过径山，那里还有一个叫康熙的村子哩，当年康熙爷到那里视察过旱情……”乾隆一听龙颜大悦。

第二天拂晓，乾隆一行在运河边下船过余杭进苕溪，向支流北苕溪航行，穿过漕桥，越过双溪，路过康熙村时，乾隆望着两岸的梯田，禾苗枯萎，田沟开裂，心里一股寒意，作为天子不能恩赐天下百姓温饱过日子，如何告慰先皇在天之灵，想当年先皇站在将军山下的化城寺里写一个“人”字，叫方丈把此字幅倒挂起来，第二天果然在天目山方向或莫干山方向飞来两条溪流，这就是双溪，使百姓的庄稼得以丰收。乾隆想到。这时，府台忙道：“皇上，船已到径山脚下里洪，这是船桥，请上岸。”乾隆起身上岸站在船桥上，只见田里秧苗青青，地上硕果累累，山上竹林翠绿。乾隆感叹道：“好一个福地也。”但乾隆不解此地美景，当地百姓禀告皇上，说山里有个太公堂，太公菩萨娘娘是这村坊的姓孔的女儿。附近如有旱灾，百姓就求太公菩萨下雨。一遇上长时间不下雨，太公菩萨总是急百姓所急，虽然求雷公下雨的应接不暇，但丈母娘家的村坊还是要保它不旱。太公娘娘坟就在这山边，乾隆二话不说就阔步赶到太公娘娘坟前烧香祈拜，感谢太公菩萨为黎民求雨。

这时，随同禀告乾隆天色将晚，赶路要紧。乾隆一行向径山方向攀登。乾隆在山路拾级而上，在走到一百步时，停立不前，忽然跪地，两手一抢祈祷：“江南一带旱灾严重，百姓将遭饥饿之苦，先皇、太公菩萨，为免百姓旱害，我们一道向上苍祈求，在我的面前，隆临九条龙吧！”片刻，山间突发九声巨响，只听山谷响起

“哗啦啦”的美妙音乐般的水声，只见九个瀑布犹如仙女般从天而降，漂漂洒洒。于是整个山谷泉水喷涌，流向山下，涌起一片欢腾。

讲述人：王月娟　女　1962年8月生　四岭村沙塘人

讲述地点：四岭村沙塘

记录时间：2000年4月

陆羽径山写《茶经》

茶圣陆羽，大家都知道。陆羽写《茶经》，晓得的人也蛮多。不过陆羽为什么要写《茶经》？晓得的人就不多了。听老辈讲，陆羽写《茶经》还与我们的径山茶有一定的关系呢。据说他是喝了径山茶，才觉得应该写一部《茶经》的。于是便在径山住了下来，写下了这部传世之作。

陆羽小时候，样子长得很难看，三岁时被他父母遗弃了，丢在了湖北天门的西湖湖畔。说来也巧，正好有一位高僧，湖北天门龙盖寺的住持智积禅师路过，他看见有一个小孩被遗弃在湖畔，当即动了恻隐之心，把他抱到寺中收养，并给这可怜的孩子取了个“陆羽”的名字。智积禅师是位得道高僧，对佛学颇有研究。每天诵经之余，他还好饮茶之道。陆羽自幼在智积身边长大，在晨钟暮鼓的生涯中熟悉了饮茶之道，经常为智积禅师煮水泡茶。

到了陆羽九岁那年，他开始喜欢上了孔孟之道，不愿意再继续研学佛经，这样一来便与智积禅师闹翻了，智积禅师一怒之下，便罚陆羽在寺院中做杂役。陆羽不甘心在寺院里做杂役，到了十二岁那年，他便逃离寺院，投身江湖，进入一个剧团演戏去了，专演丑角。

也许是吉人自有天相，陆羽在剧团演戏时竟被一位太守看中，把他从剧团赎了出来，送到一位老夫子那里去读书。数年后，陆羽满腹经纶，学成出门，从此便遍游天下名山，考察名寺名茶。

陆羽从江西一路过来，到了杭州，遍访杭州的名寺，听人说，余杭的径山有座径山寺，陆羽就决心到径山寺去看看。陆羽一到径山，便被径山的景色所迷住，他一面走，一面看，中午就在一户山民家中用餐。山民很客气，拿出了自己酿制的土酒招待陆羽。陆羽只觉得那土酒入口滋味很好，不知不觉多饮了几杯。等到告别山民，上得山来，他走路已是七冲八跌了。他晕晕乎乎地来到了径山寺，冲着寺内的一个小和尚说："我……我……我……要见……见法……法钦禅师……"

小和尚听了半天，方知陆羽来意，当即便去把法钦大师请了出来。法钦一看，这位施主酒喝多了，当即烧水煮茶，泡了一杯径山茶给陆羽喝。

说来也怪，一杯径山茶喝完，陆羽只觉得头也不痛了，讲话舌头也不大了，酒气也没有了。他不由暗暗称奇，心想，我从小在寺院里长大，对饮茶之道熟得不要再熟了，可他却从来没饮过这种茶。当即便问法钦："大师，请问你刚才给我饮的是什么茶？"

法钦微微一笑，说道：“我给你饮的是老衲亲手所种的径山茶。”“径山茶？”陆羽双眼紧紧盯住杯中慢慢伸展的茶叶，又慢慢地品上一口，不由大呼一声：“好茶！”

法钦笑了：“不瞒你说，这茶系我亲手所植，高山茶，品质极佳，先放水后放茶的好处在于茶叶不会一下泡倒，香味慢慢散发，故其味更佳。”陆羽一边品茶，一边向法钦禅师询问径山茶的种种特性，不由对径山茶留下了极深的印象。

也许是径山茶的独特滋味吸引了陆羽，下得山来，陆羽久久不愿离去，当即在径山脚下的双溪一带觅得一汪清泉，在此清泉旁搭建了茅屋，自号“苕溪草堂”，在此隐居了下来。他天天取清泉水来煮径山茶，以饮茶为乐。时间一长，陆羽不由产生了一种想法，我平

生游览各地名山大川，品尝过无数名茶，如今还尝到了清香无比的径山茶，我对于茶的阅历可谓丰富了，我为何不将自己对茶叶的丰富阅历写出来呢？这也许能为后人对茶叶的欣赏添点学问。于是他就抱定宗旨，在苕溪草堂开始了《茶经》的写作。

为了写好《茶经》，陆羽又前往杭州、淤潜、长兴等地考察，历时多年，才完成了《茶经》这部不朽的著作，从而奠定了他“茶圣”的地位。

后人把陆羽当年在双溪取水煮茶的那口泉称为“苎翁泉”，又称“陆羽泉”。如今，径山茶香漂四海，陆羽径山写《茶经》的传说，也在径山一带广为流传开来了。

讲述人：李生龙 男 1955年8月生 四岭村车坑坞人
讲述地点：双溪村陆羽泉
记录时间：2002年4月

茶叶坞

双溪新十景里有《茶坞寻春》，当年还有一首诗：“君欲寻春何处寻？南坞次第北坞深。当年茶籽新芽绿，双径雨前谷雨春。”这景点指的是茶叶坞。茶叶坞位于将军山的北麓，听老人讲，当年坞里茶杆像树。据说这茶叶坞还跟唐代“茶圣”陆羽有关呢。

唐朝晚期，兵荒马乱，民不聊生。有一位隐士陆羽，为了避安史之乱，向南方逃难，逃到双溪，便在溪旁隐居下来，一边研究茶事，一边撰写《茶经》。

一天，陆羽撰写《茶经》觉得累了，天气又闷，便出来散散心，到附近山岙走走，顺便考察当地茶叶情况。

刚爬到山岙脚，陆羽已经汗流浃背，口干舌燥。陆羽正想找个地方休息，弄口凉水解解渴，向前方一看，只见树林中有一支炊烟冉冉升起，知道那里一定有人家，就兴冲冲朝那户人家走去。一进舍里，只见一位大嫂正在烧水做饭。陆羽说：“大嫂，我口渴，能否讨口凉水喝？”大嫂说：“客官，水刚烧，还没有滚起来，你想喝开水，还得等一息辰光。”陆羽实在口太干了，又恳求道：“凉水也好，凉水也好。”大嫂就用葫芦瓢在水缸里舀了一瓢生水，又特地在水上撒了一把砻糠，再拿去给陆羽喝。

陆羽一见，心里实在有点不高兴，蛮好一瓢水，为啥又去撒一把砻糠呢？不过这时候又不好发火。再说了，嘴巴渴得要命，还是喝水要紧，只好吹一下水面的砻糠，喝一口水，吹一下水面的砻糠，再喝一口水，慢慢地把一瓢水喝完，这才深深地透了一口气。

陆羽是个做学问的人，不管什么事，碰到弄不明白的地方，哪怕三天三夜不吃饭也要想办法弄明白。临走时，他又硬着头皮问：“大嫂，你为何给我喝的水里撒砻糠？”大嫂笑笑说：“天气炎热，客官满头是汗，汗流多了，假如一口气把生水吞喝下去，冷热一激，难免要生病。这是我们家里祖传下来的规矩，特意在水面上撒把砻糠，就是要你一口一口慢慢喝，免得生病呀。”

陆羽恍然大悟，原来大嫂是好心好意，自己错怪了她。为了感谢淳朴善良的大嫂，陆羽在布背袋里摸出一包茶籽送给她，教她种在山坞里，等茶籽发芽，长成茶树，摘下芽叶来用开水泡着喝，既能解渴又能治病。

陆羽走后，大嫂就把茶籽种在山坞里。第二年，茶籽爆出芽，长成一棵棵小茶树，年复一年，茶树越发越多，越长越大。到后来，满山坞都是茶树。当地人就把这个地方叫做“茶叶坞”。

讲述人：盛根福　男　1963年11月生　双溪村人
讲述地点：双溪村
记录时间：1986年5月

兰花坪

四岭村车坑坞南坡有块大坪地，名叫兰花坪。这里出产的茶叶特别好，你要是采摘几片茶叶放在鼻子边嗅一下，就会嗅到一股浓郁的兰花香。传说这跟“茶圣”陆羽有关。

当年，茶圣陆羽隐居双溪，正在专心致志撰写《茶经》。当时，径山寺里有许多高僧，陆羽也经常登山品茶论经。一天，陆羽登上径山，与径山寺方丈一道细谈茶经。陆羽忽然兴致勃勃地说：“师父，给我当一天方丈好吗？”方丈说：“好呵！一边研究茶叶，一边当方丈，不是一举两得吗？”就这样一言为定，陆羽开始当方丈了。

说起来，这一带有361个寺院，这里的寺院有个奇怪的规定：一个方丈到一个寺院只能住持一天。原来这361个寺院就是用来让径山寺和尚实习的。在这里当一年和尚，能主持361个寺院呢。

第二天，东方拂晓，陆羽整装出发。在苕溪边的老榆树下跳上竹排，逆水而上，穿过千家桥，弯过三官桥，上岸步行到灵风寺当起第一天方丈。第二天，他又在九峰寺住持了一天。第三天，陆羽爬上山，老远看见寺院前三个大字“清茶寺”，愈发高兴起来。他想，自己走过大半个中国，一生潜心研究茶事，还没见过以茶命名寺名的呢。一看这里地形平坦，土质肥沃，空气清新，阳光充足，涧水潺潺，真是一块风水宝地，再一看，满坪茶树葱绿，陆羽更是喜出望外。

陆羽背起小竹篓，连忙去采摘又嫩又细的茶芽，晚上炒制茶叶，第二天又足足品尝了一天的茶水，早已把一天住持一个寺院的事给忘掉了。陆羽一边慢慢品着茶汁，一边闻着茶香，只见茶叶外形细紧，苗秀多毫，色泽绿润，汤色绿明，滋味鲜醇，叶底肥嫩成朵，就连连称赞：“好茶好茶，真是天下少有的好茶”。

第三天，他又去采茶了。陆羽走着走着，忽然传来一阵阵兰花幽香，随着兰香，陆羽来到几棵大茶树旁，只见茶树下长着一丛丛优雅高洁的草兰。陆羽采几片茶叶一闻，果然有一股兰花清香。

陆羽采摘一篓

茶叶回寺，炒制后泡在开水里，只见茶叶慢慢伸展开来，顿时兰香四溢。他思忖着，有兰花的地方茶叶就格外香，如果满坪都种上兰花，这里的茶叶不就都有兰花香啦?

于是，陆羽每天上午到涧谷挖兰，下午种兰，不管刮风下雨，始终挖兰不止，经过几个月辛劳，终于使满坪都种上了兰花。不知不觉之间，陆羽在清茶寺一住就是一年。

种上兰花后，陆羽盼星星，盼月亮，只盼茶树早吐芽。冬去春来，谷雨时节，茶芽初露，兰花怒放，枝枝茶树，片片茶叶散发着阵阵幽香。一千多年后，清茶寺早已成为一堆废墟，但是每年一到春天，这里都依旧是满坪兰花争奇斗妍。渐渐地，当地人就叫它“兰花坪”。当年，陆羽在兰花坪住了一年，至今车坑坞一带还流传着：“陆羽方丈当三天”的说法，就是因为陆羽只住持过三个寺院。

讲述人：李生龙 男 1955年8月生 四岭村车坑坞人

讲述地点：四岭村车坑坞

记录时间：1997年10月

化城寺

化城寺是南宋时期（公元1215年），由石桥禅师建造的，是径山寺的接待寺。凡是到径山寺朝拜的香客和达官贵人，都要在这里住一夜，第二天早上步行上径山，傍晚下山又到这里住一夜再回程。化城寺名气蛮大，是佛教经典《径山藏》的刊刻所在地，黄汝享撰写了《化城寺记》、徐文长写有《化城寺》诗词，“化城”两个字是南宋宁宗皇帝题写的。由于石桥禅师经营化城寺有方，被推荐为径山寺的第三十一代住持，宁宗皇帝赐封石桥禅师为“佛日禅师”。

以上是从史书里看到的有关化城寺的历史记载情况，而在民间老百姓口中，关于化城寺的讲法，听起来颇有神秘色彩。

径山寺从唐代建造起来，到南宋时候，从山上到山下都是庙堂，和尚有好几千人，香火很旺。

一天，径山寺的住持方丈，接到县衙指令，皇帝要上径山，约定观音菩萨生日这天来，要求径山寺做好接待准备。径山寺方丈扳扳手指头一算，只有三个月时间，皇帝从京城到径山脚要一天时间，在山脚肯定要住一夜。方丈想，皇帝到径山寺来，这是径山寺的光荣，一定要做好妥善安排，让皇帝高兴而来，称心而归。但是，山下住一夜是问题，住在别人寺庙里，号称“江南五山十刹”之首的径山寺没有面子，万一出点差错，如何担当呢？于是，方丈通过深思熟虑后决定，指派聪明能干的佛日和尚下山，建造接待寺，千叮咛万嘱咐，无论如何也要在三个月内建造好接待寺。

佛日和尚马上带了两个小和尚一同下山，经过一天劳累的奔波，总算在双溪元宝岭上选择了一块宝地，挑选了黄道吉日破土动工。

佛日和尚迅速召集了两百多个能工巧匠，日夜苦干，七七四十九天过去了，接待寺正房建好了，可是到了第二天，正房的北墙角沉了一尺，佛日和尚马上叫泥工用糯米拌灰沙填实。填实的第二天北墙角又沉下去了，佛日和尚毕竟是径山寺方丈指派的，通晓佛道，他在北墙角点了三炷香，一拜两拜三拜，马上醒悟到，忘了向土地菩萨报告，于是马上吩咐小和尚，在元宝岭到井界岭之间，埋下七缸金七缸银。

上有元宝岭，下有井界岭，中间埋了七缸金七缸银。土地菩萨得到重酬，接待寺北墙角再也不沉了。当然，土地菩萨收了那么多金银，不是为自己，是为了双溪一方百姓平安。

接待寺经过两个月的紧锣密鼓建造，主体工程都已完工，白墙黑瓦，柱子刻着精细的荷花和龙凤图案，富丽堂皇。接着准备做油漆、做道路、做花坛。

本来，佛日和尚可以高枕无忧把方丈交给的事情做好，可是，接下来近十天下着倾盆大雨，柱子湿滋滋的难油漆，道路铺石难施工，又让佛日和尚伤透了脑筋。

原来是东海的小青龙在作怪。听讲径山寺下面要造龙宫，不知天高地厚的小青龙，偷偷地溜出东海龙宫，到刚造好的新龙宫看看，七看八看，看出了味道，不肯回去。佛日和尚查明真相后，就做了佛事，劝说小青龙回海龙宫，并在双溪上做了一道堰坝，叫做夹堰，让夹堰夹牢，不让小青龙再上来。

乌云散了，太阳出来了，接待寺附属工程也提前了三天完工。

皇帝在文武百官的陪同下，浩浩荡荡进驻接待寺。佛日和尚就请皇帝题词，佛日和尚讲："接待寺刚刚建造好，还没有名号，请皇上赐号。"皇帝略一思索一路所见所闻讲："茗花挥舞，山花飘香，花城也。"在场文武百官同口异声讲："妙，妙。"皇上提笔刚要挥毫时，在旁的鲁国公在皇帝的耳边讲了几句悄悄话，皇上大笔一挥，"化城"跃上纸面。

原来，刚才写字前，丞相鲁国公偷偷跟皇帝讲，用不带草字头的“化”，使“化城”二字，更体现禅的精神，同时又做到皇帝金口不改。宰相肚里好撑船，妙也。

讲述人：蔡德裕　男　1936年8月生　双溪村化城人

讲述地点：双溪村化城

记录时间：2007年11月

法华寺与金钟山

小古城村钱家滩后面有一座高山，叫金钟山。钱家滩的老百姓背靠金钟山，日子过得平平稳稳，有吃有穿，潘板涨大水，淹不着钱家滩地界，历代每逢兵荒马乱辰光，这里的老百姓照样安安稳稳过日子。老人们说，这是因为有金钟山这个靠山的缘故。

金钟山为啥叫金钟山？听老辈人讲，那是因为山上埋了一口金钟，所以叫金钟山。那么为啥会埋一口金钟呢？这就跟法华寺、径山寺有关了。

宋朝辰光，径山寺名气很大，是江南的老大，很多皇帝都到径山寺去烧过香。径山寺香火一旺，下面化城寺、吉祥寺、法华寺就一道兴旺起来，四面八方、江南江北的香客都纷

纷来径山烧香拜佛。

烧香的香客越来越多，径山上人山人海，径山路上的人川流不息，一时之间吃住就成为当地衙门的一件大事情。于是余杭县官吩咐各地乡长、保长组织人员劝说香客少上径山，对他们说径山寺下院的天东寺、化城寺、吉祥寺、法华寺都是与径山寺一脉相通的，同一个菩萨，同一个佛道，烧了下面寺院的香，一样灵光。

五湖四海的香客就这样被疏散到山下的寺庙里去了。特别是从苏州、无锡、上海过来的香客，都是乘船来的，一上岸，都被当地乡长、保长带到法华寺，凡从苕溪上岸去径山寺的，都要经过法华寺，于是法华寺便近水楼台先得月，香火越来越旺。

香客多了，银子多得不得了，法华寺的方丈就叫人造房子，把寺庙范围扩大，造了大雄宝殿又造鼓楼钟楼。

很快，大雄宝殿造好了，鼓楼造好了，钟楼也造好了。方丈盘算了一下，觉得银子还有很多没用掉。于是，方丈心想，法华寺香火介旺，银子用不光，这钟楼的钟是否用金子铸哩？也可以显得气派大点。他把这个理由和寺院里的和尚一说，大家听后齐口同声讲好。

于是，法华寺方丈组织七七四十九个和尚，带着八八六十四万两银子，经过九九八十一天奔波，买回纯金一千斤，寻来金匠十八人，日夜铸造金钟，从初一开始到月半月亮滚圆时，金钟挂上了钟楼。

金钟敲起来格外好听，又响亮又清纯。听说法华寺有一口金钟，香客就更多了。

这样一来，径山寺的香客却越来越少了，寺院里越来越冷清了。径山寺方丈感觉有些不对，便让和尚下山摸摸情况。这个和尚下山先到天东寺、化城寺，再到法华寺，一看这里的情景，感到不妙，这里的香客莫佬佬，特别是钟楼前，排着很长很长的队伍。径山寺和尚也排进了队伍要探个究竟。队伍里的人有的说：“金钟没有看见过。”有的人说：“活了七老八十还没有看见金子呢。今朝开开眼福，看看金钟，开开手福，敲敲金钟。”有的人讲：“敲过金钟，保佑平安，心想事成。”

径山寺和尚弄明白这桩事情后，拔腿就赶回径山寺，向方丈汇报。

径山寺方丈晓得这个情况后，心里老大不高兴，心想径山寺的寺名是皇帝赐的，钟楼挂着也只有三万六千斤铜钟，你小小的法华寺竟然用金钟。于是，径山寺方丈马上写了一封书信禀告皇帝。

再说法华寺方丈，由于香火旺银子多，上下关系搞得好，京城的一举一动他都比较清楚，更何况跟法华寺直接相关的事件，日不隔夜就能晓得。现在径山寺方丈要告状，他当然也马上得到了消息。法华寺方丈想，这件事非同小可，万一查处下来，非但金钟要没收，连自家方丈这个位置也保不牢。于是，他连夜派和尚把金钟换成铜钟，又把金钟抬到隔壁的山头，挖了个坑埋藏起来。

第二日，京城里果然派来一个大官，和余杭县官一起赶到法华寺，直接上钟楼查看，一看是铜钟，敲敲也是铜钟，便若无其事地在法华寺走了一圈闷声不响回去了。法华寺一场虚惊终于平息。

过几日，法华寺方丈又派几个和尚去把金钟抬回来，准备放在后院保藏起来。几个和尚去隔壁山头挖金钟，他们找到当初埋金钟做过记号的地方，一挖两挖，挖了很深，金钟却还是无影无踪。后来有人讲，金钟很重，放在地上，一天能沉下一公尺，现在几天过去，不晓得它沉到哪里去了？法华寺的和尚挖了三天三夜，还是不见金钟的影子，只好灰溜溜地回去了。

后来，人们就把这座山叫做金钟山。

讲述人： 林加兴　男　1965年9月生　小古城村吴山人

讲述地点： 小古城村吴山

记录时间： 2007年9月

双龙游双溪

双溪竹海漂流风景区景色迷人。当地人都知道，这两条溪水流到双溪口时，水的温度不一样，相差好几度。溪两岸沙滩竹林的颜色也不一样。一边翠绿色，一边却是淡黄色。据说这些不同，跟双龙游双溪有关。

很早以前，双溪这个地方连续三四个月不下雨，池塘底朝天，田地裂缝，树叶枯落。正逢谷籽播种季节，百姓焦急万分，只好去求菩萨保佑快快下雨。溪南岸的老百姓攀登径山寺祈求菩萨下雨。溪北岸的老百姓赶到釜托寺求雨。第二天，果然天空布满层层乌云，刹那间

下起了倾盆大雨，大雨下了三天三夜。老百姓喜笑颜开。

原来，双溪来了两条龙。一条从莫干山过来，叫金龙。金龙因为前面有一颗金光闪闪的宝珠在不停地向前滚去，他便紧追不放追了过来。另一条从天目山奔来，叫青龙。青龙前方也有一颗紫光烁烁的宝珠在滚，他也是为了追珠而来。当他们追到双溪狮子山下时，两颗宝珠变成一颗宝珠。这下可不得了，双龙你争我夺，谁也不甘示弱。几个回合下来，双方已经精疲力竭。当他们静下心来仔细一看，才知道宝珠已经悬挂在半空中了，有人说，双溪十景中的“双溪叠月”就是这样的。

双龙顺势而下，在井界岭旁嬉水玩耍，好不开心。一会儿鼻喷溪水，一会儿钻水隐身。忽然青龙一不小心踩了金龙的尾巴，惹恼了金龙。金龙追击青龙，青龙见势不妙，一用力，却把夹堰冲破一个决口。双龙你追我赶，青龙突然猛撞鼻子。原来塔山挡住了去路。于是双龙又打了起来。一会儿钻入水里，一会儿跃出水面，在塔山脚滚出十余米深的水潭，翻起的沙石堆叠在溪的两岸。经过几个回合的争斗，双龙都有些不好意思起来，他们想，我们是给老百姓送及时雨来的，两兄弟怎么能相斗呢？后来，他们又和好了，金龙住在溪南岸的沙滩上，青龙住在溪北岸的沙滩上，和睦相处。从此，双溪风调雨顺，五谷丰登，六畜兴旺。老百姓过上了平安的日子。

所以，这里的老人都说，由莫干山流来的溪水，因为是金龙游过的，所以温度要比青龙游过从天目山流来的溪水高。两岸千亩竹林，溪南岸的竹林翠绿葱葱，而溪北岸的竹林就成为淡黄色。夹堰两个流水道也就是当年金龙、青龙穿破的，塔山月亮潭也就是双龙争斗留下的深潭。

讲述人： 赵大陆　男　1941年1月生　双溪村台山人
讲述地点： 双溪村台山
记录时间： 2000年4月

潘板桥

潘板桥，有人说是一个姓潘的人造的桥，所以叫潘板桥。也有人说叫宽板桥。今朝讲的是蛮早以前流传下来的民间传说，传说当初大家都叫它：“破板桥”。

很早很早以前，潘板桥一带经常发洪水，闹水灾，造起木桥常常会被洪水冲去，一年里要冲掉四五回。老百姓生活不方便，出行不方便，叫苦连天。大家想了蛮多办法，用大绳捆牢，被水冲走，用铁链吊牢，也被洪水卷走，老百姓只好望洋兴叹。

一日，北边向潘板桥方向走过来一个老头子，伊白眉大眼、披肩白发、一溜白须，老态龙钟的样子，手里挥

一枝竹梢，赶着两只肉猪。走啊走，走啊走，快走到潘板桥时，碰到两个小孩，五六岁样子，一男一女。小男孩讲：“这个老头子赶着两块石板。”老头子用竹梢扬扬：“小孩不要乱讲，这是两头猪。”小女孩讲：“是石板，是石板。”老头子举起竹梢向两个小孩挥去：“小孩不要吵，再乱讲，我要拷尼？”两个小孩一边跑，一边喊：“石板，石板。”突然间，两只猪果然变成了石板，这两块石板慢慢地又破裂开来，变成了四块破石板。

原来，赶石板的老头子是仙人，伊以前路过潘板桥，看见溪两岸老百姓来往不方便，这次特意做好事，运了两块大石板，变成两头大猪，赶到这里，快要到溪边时，却被两个小孩点破了。

两个小孩跑回家，把刚才的事情告诉大人。大人到现场一看，果真是四块破石板躺在地上。大人看见是猪，小孩看见是石板。为啥呢？原来小孩是金童玉女，一眼点破，仙人没办法，只好丢下两头猪逃走了。

后来，当地老百姓就把这四块破石板拉去架在大溪上。从此以后，大家又可以来回行走，不再被大水冲走了。由于是用破裂的四块石板铺成的桥，所以当地人都叫它“破板桥”。

讲述人：姚洪木　男　1930年生　小古城村俞家埝

讲述地点：小古城村俞家埝

记录时间：1986年5月

八仙巧建长乐桥

余杭境内有座山，名叫径山，是东天目山的余脉。早在唐代，有个叫法钦的和尚在这里创建径山寺，在法钦祖师的苦心经营下，径山寺从小到大，逐步得到了发展。到了南宋时期，径山寺的名气已经很大了，孝宗皇帝亲临径山进香，还提笔为径山寺书写了“径山兴圣万寿禅寺”的匾额，一时间，径山寺闻名海外，被誉为“江南五山十刹”之首，名气越来越大。

名气一大，不但四面八方的香客蜂拥而来，就连天上的神仙也要来凑热闹了。

这一天，上八洞神仙聚在一起，商讨去什么地方出游。敲竹板的蓝采和最喜欢热闹，他第一个说：“我们上次弟兄八人游东海，八仙过海，各显神通，闹出了不少故事，在人间流下不少佳话。这次我们去南海吧，再去热闹一番。”蓝采和的话音刚落，吹笛子的韩湘子摇了摇头，说：“上一次去游东海，的确折腾出许多故事。但是南海、东海都是海，所以这次我们得换个地方了。”

“换地方？那你说去哪里？”一旁的铁拐李问道。

韩湘子胸有成竹，不慌不忙地说：“前几天听说凡间有座径山，上面有座径山寺，香火可不是一般地旺……”韩湘子的话还没说完，一旁的曹国舅就笑着拍起手来，连声说：“好地方好地方，我也听说这径山寺天下闻名，值得一去，值得一去呀！”曹国舅话音刚落，何仙姑也说：“好，上次是闹海，这次我们就去逛山！”就这样，八仙统一了思想，稍加准备便启程前往径山。

照说神仙出门游玩方便得很，腾云驾雾，翻个跟斗就会有十万八千里。可这八仙都是凡人变的，一个个凡心未泯，都喜欢化作凡人模样慢慢地行走，顺便也可以领略各地的民间风情。

却说这八仙化成平民百姓，出了余杭县城，一路浩浩荡荡直往径山而去。到了今天叫长乐的地方，突然一条大溪横在他们的面前，这是中苕溪，当年这中苕溪上没有桥，而这里恰恰又是从老余杭前往径山的必经之路。于是，朝山进香的人要过溪，只有靠竹筏来摆渡。这中苕溪虽然有点宽，但平常日子溪水平稳，竹筏摆渡没什么大问题。可一到涨水时期，竹筏翻身的事就时有发生了。

八仙来到这里的时候，正逢涨水时期，溪水奔腾不息，撑筏的筏工全在岸上歇力，不愿冒险撑筏。八仙来到溪边，见不少香客正在向筏工求情，要求他们帮助摆渡，渡金高一点也行。可几个筏工却一个也不肯答应，他们说，昨天都翻了三张筏了，这实在太危险了，一旦翻了筏，连生命都没有保障。

八仙中的铁拐李见这些香客一个个愁眉苦脸，便动了恻隐之心，和众仙商量，想一人带一个，渡他们过溪。可韩湘子觉得不是个办法，我们帮了一次不过是一次，后面再有香客过来怎么办？于时他便与铁拐李说：“等一下，我先问问他们再说。”

说着，韩湘子转过身去问那些当地的香客：“你们为啥不在这溪上造座桥呀？”

“造桥？”那香客朝韩湘子打量了一番，不紧不慢地说：“客官你有所不知，造桥我们当然想，但是这钱谁来出呀，造桥所需的钱可不是个小数目呀，我们当地人都是些穷百姓，出不起呀。”

韩湘子沉思半晌，心中有了主意，“这样吧，我来帮你们造一座简易桥吧”。说着，他抽出插在腰间的竹笛，突然往溪中一丢，说来也奇怪，笛子一到溪中，只见一道金光在溪面上一闪，溪面上顿时出现了一座简易的竹桥，并有着七个桥洞，溪水一流经桥洞，顿时出现一种奇异的音乐声，乐声长久奔腾而下。一时间老百姓看呆了，知道遇上了仙人，一个个跪倒就拜。等百姓们起身想说几句感谢的话，可那八个仙人却早已跑上竹桥，一个个兴高采烈地过桥去了。

香客们高兴极了，也纷纷跑上竹桥，从这桥上过溪。从此，从这里过溪就再也不用摆渡了。

由于这座竹桥是韩湘子的竹笛变的，所以溪水一流经这里，就会发出长久的乐声，像是有人在吹笛子一样，乐声悠扬，传得很远。于是，老百姓就将这座桥叫作“长乐桥”，意寓乐声长久。

时间一长，竹桥塌了，当地的百姓募捐修建了一座石桥，为了表示对八仙的纪念，这“长乐桥”的名字还是沿用了下来。再后来，溪旁新兴了一个小镇，镇名也就沿用桥名，取名为“长乐镇”，只是不知从什么时候起，这个“乐”字给读别了，“音乐”的“乐”给读成了“快乐”的“乐”，这“长乐桥”也就读成“长乐桥”了。

讲述人：俞清源　男　1929年7月生　长乐人
讲述地点：长乐村
记录时间：2007年8月

小古城

潘板桥东面有一座山叫庙山，庙山的东面有个叫小古城的村堂。几年前，省市文物部门听说这里有个小古城，就派文物专家前来勘探，看看古城是否有价值连城的文物，经过一个月的挖掘，居然挖出了很多宝贝，经考证有7000年历史，这样一来，一下子把余杭的历史从5000年再推前了2000年，马上被列为浙江省文物保护单位。

为啥很早辰光会在这里建有城池呢？在民间有这样一个传说，相传，这个城池是一个姓潘的人建造的。

不晓得是哪个朝代，这里住着一户姓潘的人家，潘家讨了一个漂亮聪慧的老婆姓缪，生了一个儿子叫潘缪。潘缪九岁那年，兵荒马乱，战事四起，阿爸被拉去充军，阿妈被山里强盗抢去当了押寨夫人。孤苦伶仃的潘缪流落街头，天当被地当床，猪狗食过日脚。潘缪十三四岁时，已是远近闻名的烟柴头，看见东西就抢，听到东西就偷。本来富人家家里无人时要关好门，现在连穷人家家里无人时也要关门。怕潘缪把屋里的锅子偷去。整个村堂人都犯恨潘缪这个贼骨头。

有一年，潘缪偷了人家一头牛，被抓牢。大家就打，打得伊死去活来。一个长者讲："打死人，要抵命，把伊掼在吴山的山洞里，饿死伊。"于是，大家连拉带拖把潘缪掼在山洞里。

吴山上有个朝天山洞，洞多少深？皇帝阿爸也不晓得，听讲洞底通大海。几天后，山洞里潘缪从昏迷中醒过来，只见天上有个月亮，很大，又很近。过了一天，潘缪才晓得，那不是月亮，是洞口。爬爬又爬不上去，潘缪想，自家总不能等死。

潘缪就千方百计向上爬，爬了几公尺又摔下来，连续几次爬摔，潘缪绝望了。当潘缪再次昏迷中醒过来时，觉得耳边有风吹来。伊就从风吹来的地方用双手翻石头。一

地名的传说

翻两翻把这块石头翻起来，只见有一个横洞。潘缪就朝横洞走了十多公尺，忽然，前面金光闪亮。原来这里是个宝藏。潘缪高兴得不得了。但是，有金银财宝，不能活着出去也是白搭。

于是，潘缪化了九牛二虎之力总算找到了出口，爬出来。原来那直洞是通风洞。潘缪得到宝藏发财了。

吃过苦头的潘缪总算出人头地。买了九千九百九十九亩田，收了九万九千九百亩山，造起五幢大院，讨了九个老婆，配了十八个丫环。受尽人间磨难和耻辱的潘缪扬眉吐气。花了很多银元把强盗山寨也买回来，把自己的母亲接回家，又花了很多银元通过官吏把父亲找回家，潘缪非常同情穷苦人，凡租种伊的田不用交租金。穷苦人有求伊必应，修桥铺路样样好事都做。村里造座桥叫潘家桥，他造的庙叫潘庙，伊家里的田叫潘畈，伊家里的山叫缪山，伊挖的水沟叫潘塘。

经过潘缪十几年花费，山洞里的金银财宝还有木佬佬。潘缪想，自家吃煞苦头，当过讨饭头，做过贼骨头，差点变成冤鬼头，如今享尽荣华富贵，要风得风，要雨得雨，就是没有当过皇帝。虽然有五幢大院，也比不过皇宫后花园。于是就派人请了工匠，按照皇宫图纸建造皇城。

经过三冬三春马不停蹄建造，一座小皇城造好了，四周造起城墙，有东城门、西城门，也有南城门、北城门，城墙外有城池，城池上有东南西北桥。

潘缪一家连仆人全部住进小皇宫。但好景不长，有人通风报信上了京城，讲潘缪想当皇帝，激怒朝中的皇帝，皇帝马上派出5000精兵，攻打小皇宫，要把潘缪满门抄斩。

潘缪带着父母钻进地窖，从地洞逃出，埋名隐姓，再次流浪人间。小皇宫留下来。不知过了几千几百年，小古城的名称叫下来了。至今还有庙山、潘板桥等地名在沿用。

讲述人：董生财 男 1959年8月生 小古城村俞家埝人

讲述地点：小古城

记录时间：2007年11月

漕桥

很久很久以前，北苕溪上架得都是木桥，每逢山洪暴发，木桥就轻而易举地被大水冲走，老百姓为了方便溪南溪北来往，又在溪上架起木桥。每逢大水来时，其他的桥都冲走了，唯独漕桥巍然不动，因为漕桥是石桥，桥墩是用石头砌成，桥板是大石板，每块都有几千斤重，所以，不管大水有多大，照样安全无恙。这是苕溪上唯一的一座大平板石桥。那么，为什么叫漕桥？这里有那么一种说法。

不晓得是哪个朝代，南北反差很大，不是讲南北温差大，而是讲天下不一样。北方战事频繁，南方平安，年成又好，庄稼丰收。于是，南方的粮食不得不运送到北方，供前方将士保国卫家。

从太湖边经潘板到余杭有一条运输线，仓前的军粮都是南方人推着独轮车送运到北方。但还是不能及时供应北方前线，于是北方就用马车到仓前来运。当马车运粮运到漕桥这个地方时，马车再无法过苕溪。这里的木桥窄，马车无法过去。前方急需粮食，这里一车车粮食堵在路上无法过溪。

赶马车的人急，地方官吏也急，老百姓更着急。各家各户老百姓都把自家的大门板拆下来，漕桥镇上上街、中街、下街的街面门板都拆来，送到溪边架大木桥，不到三个时辰，一座宽大的木桥架好了，运粮马车马不停蹄向北边送粮。由于保证前方粮食供给，将士打了一个大胜仗。

后来，皇帝视察南方，当地官吏禀告百姓拆门板架木桥运军粮一事，皇帝当即下旨，建造石桥。石桥建好后，县衙给此桥取名“漕桥”。

讲述人：方耀姣　女　1962年生　漕桥村人

讲述地点：漕桥村

记录时间：2007年6月

麻车头

径山镇长乐一带，有个名叫“麻车头”的村子。当地老人讲，“麻车头”原来并不叫“麻车头”，而是叫“茅草头”。那么，为啥会叫“茅草头”呢?，这里面还有个有趣的故事呢。

很早的辰光，老余杭的仇山上有个山洞名叫朝阳洞，这朝阳洞有一道石门，相传这石门里面全都放着宝贝，只要你能打开石门，里面可说是要什么有什么。一时间，四面八方想发财的人全都涌到仇山上去了，大家都聚集在朝阳洞门口，想打开朝阳洞的石门。可是不管你如何努力，那石门始终无法打开。时间一长，想发财的人都无奈地离开了，这仇山上又恢复了往日的平静。

这一天，有个安徽人来到朝阳洞。这个安徽人会识宝，他仔细一看，发现这石门中间有一条细小的石缝，他晓得这条石缝就是这扇石门的钥匙孔，只要找到打开这扇石门的钥匙，从这条石缝中塞进去，就能把石门打开。

这个安徽人晓得，打开石门的钥匙不会离这朝阳洞太远，一般都出现在方圆20里之内。于时，他便以朝阳洞为轴心，四下寻找打开石门的钥匙。

这一天，这个安徽人来到了如今的“麻车头”一带，当年这一带还是一片荒地，到处都长满了茅草，没有人居住。安徽人到了这里，四下一打量，顿觉眼前一亮，他发现这里有一根茅草，长得与众不同，他仔细一观察，掏出罗盘一定位，当即发现这根茅草就是打开石门的钥匙。只是目前这钥匙还没有完全长成，只有等这根茅草长到一丈二尺时，才能割下来当钥匙。于是，安徽人便在离这块茅草地不远的长乐镇上找了家客栈住了下来，每天都去这块茅草地上转一转，察看那根茅草的生长情况。

这个安徽人的反常行动引起了那个客栈老板的注意。这个老板姓邵，是当地人，人生得很瘦小，可脑子特别好用，他看见这个安徽客人每天都要神出鬼没地去那块茅草地上转悠，有道是“无利不起早”，他感觉到这里面一定有名堂。连想到大家都说安徽人是会识宝的，这个家伙每天都往那边去，说不定那边有什么宝贝在吸引着他。

想到这里，邵老板心里有点酸溜溜，我们自己这里的宝贝却要让外地人识得去，多么懊恼呀。于时，他脑筋一转，就想了个办法。

这天晚上，邵老板亲自动手杀了一只母鸡，用笋干烧好，又准备好了山里人自酿的米酒，到了晚上便很客气地招呼那安徽客人一起来吃酒。安徽客人正好喜欢吃点酒，见老板这么客气，当即也不推辞，拉出凳子就坐了下去。

那个米酒安徽人从来没吃过，上口只觉得感觉很好，没啥酒味道，再加上邵老板又对他说，米酒没什么力道，于是他便与邵老板对饮起来，俩人喝了一杯又一杯。可哪里晓得，这米酒的后劲很足，喝着喝着，那安徽人便支撑不住了，一下子趴在了桌子上。邵老板微微一笑，一切都顺着他的计划在发展。当即起身一边给安徽人泡了一杯茶，说是让他醒醒酒，一边便问他为什么天天去那块茅草地，想让那安徽人酒后吐真言，讲出心中的秘密。

那个安徽人酒真当是喝多了，几乎是有问必答。他告诉邵老板："邵老板……，你待我不错，我……我告诉你……，那……那块茅草地上的茅……茅草是……是……是……是一把钥匙……"

钥匙？什么钥匙？邵老板奇怪了，他搔搔头皮，想不出个所以然来，又推推那个安徽人，继续问："客人，是什么钥匙呀？"

安徽人实在是酒喝多了，抬起头来打了个呃，口齿也不清楚了，"打……打开……打开那个山洞……"

哇，一听到"山洞"两字，邵老板当即眼睛一亮，他马上想到朝阳洞，这个识宝的安徽人肯定是说朝阳洞，看来那块茅草地上的茅草是打开朝阳洞的钥匙呀。好哇，今朝这只鸡杀得值呀，看来我要发财了。可他转眼一想，不对呀，那块茅草地上到处都是茅草呀，到底哪一根是钥匙呀？于是，他又扶起那个坐都坐不牢的安徽人，继续耐心地问道：“客人，哪根茅草是钥匙呀？”

“茅……茅草……头……头……”那个安徽人心里想说茅草头上的那根，可怎么也说不清楚了。那邵老板听了半天只是个“茅草头”，误认为茅草的头是钥匙，可又不晓得哪一根茅草的头是钥匙，干脆连夜点着火把去那块茅草地上，把所有的茅草头全都割了下来。第二天一早天刚亮，他就跑到仇山，找到了朝阳洞，把那茅草头一根一根地往那石缝里塞。可是他从早上塞到下午，所有的茅草头全都塞遍了，那扇石门依然纹丝不动。

再说那个安徽人，第二天早上起来，酒醒了，昨天晚上发生了什么，他早就忘得一干二净，依然老样子，跑到那块茅草地上去看那丈二茅草有没有长成。

可哪里晓得，等他跑到那里，发现地上所有的茅草全都被割了头，这一下他不由惊呆了，一个踉跄，跌倒在地上，一口气接不上来，当即便晕了过去。好半天他才醒了过来，但他的头脑中两根筋却搭牢了，一下子发起疯来，漫无目的四处游走，口中还大声呼喊着：“茅草头、茅草头、茅草头……”

就这样，这块无人关注的荒地一下子便出了名，大家都把它叫作“茅草头”。

时间一长，那块长满茅草的荒地慢慢地有人居住了，人们开荒种地，久而久之，便形成了一个自然村。也不知从什么时候起，大家糊里糊涂地又把那“茅草头”叫成了

"麻车头"。

讲述人：孙建社　男　1956年1月生　麻车头村洪家村人

讲述地点：麻车头村

记录时间：2007年8月

感　塘

吴山西面、苕溪北岸有个自然村，自然村内有一个很大的池塘，名叫感塘。每逢夏季，感塘里的水总是会变成红色。老人说，这和径山寺的接待寺化城寺有关。化城寺在径山脚下，是径山寺的下院，官员上径山寺进香，往往先到化城寺，由化城寺负责接待并安排上山事宜。

很久很久以前，战争频繁，天灾地荒，百姓上径山进香怕山里强盗，就只好到化城寺去烧香。奇怪的是当地每天都有地保报告，每天都会有一个人失踪，失踪的人又都是少妇，少妇都是因为去化城寺烧香才失踪的。地保报保长，保长报知县，知县报知府，一传十，十传百，搞得双溪一带人心惶惶。

一天，化城寺来了一位男香客，浓眉大眼，身材魁梧，点了三支香，拜了如来佛，又点了三支香，拜了观音娘娘，拜完后就走了。

第二天，这位男香客又来进香了，跟上一天一样，拜了如来佛，又拜观音菩萨。

第三天，这位男香客又来烧香。他拜完如来佛，点好三支香正准备跨进观音殿时，只见一位身穿印花蓝布的少妇正在祈拜观音娘娘，求观音，恩赐贵子，早生贵子。只听得“扑通”一声，眼前那位女香客就不见了。刹那间，那个男香客拔出宝剑猛冲上去，在观音菩萨周围转了一圈，却没有发现女香客的踪影。

男香客跑到观音菩萨前，在女香客跪拜的地方用宝剑敲打地板，终于发觉有一块地板跟周围不一样，他用宝剑撬起这块地板，原来下面有个地窖。男香客马上跳进地窖随着地洞猛追，前面有个身穿袈裟的和尚在飞快逃跑，这一跑一追，在地洞里就跑了近十里路。后来，和尚逃出地面，男香客也追到了地面。和尚突然双脚一蹬，飞上了天，男香客也追到了天上。

在吴山上空，男香客与和尚激烈撕打了半天，和尚打不过他就向西飞去，到将军山时又被男香客追上，他们又在空中打了半天，和尚又向东面飞跑，男香客一路紧追。在离吴山不到五里路的地方，和尚被男香客劈下了两只手，离吴山不到四里路的地方，和尚又被劈下两只脚。再跑两里路时，和尚的头也被劈下，于是整个身子落了下来。男香客也变成一股青烟，不见了。原来那个男香客是个神仙，专门为人间除妖怪的。而那个和尚原来是个妖怪，半年前混进化城寺，专门强暴妇女，是个妖怪花和尚。

后来，花和尚的四肢和头撒落至地面上，变成五个小池塘，他的身躯落地的地方就变成了大池塘。每年夏天池塘里的水就变成红色，老人说，这是妖怪花和尚的血。

为了感谢神仙为民除害，纪念这位神仙，当地百姓便把这个池塘叫做“感塘”。

讲述人：詹章海　男　1945年6月生　双溪村化城人

讲述地点：双溪村化城

记录时间：1986年5月

百　步

前溪村有个百步的村堂，为啥叫百步呢？这跟何天官有关。

相传宋朝的时候，这个村堂有一个姓何的人家，生了一个儿子。这个儿子从小聪明，三岁会背《唐诗三百首》，《三字经》一口气像唱歌谣一样，一字不漏朗诵完。12岁考上秀才，14岁得了进士，16岁中探花。后来几年七考八试总是亚军，离状元只是一步之差。故只能在皇帝身边当个天官。大家叫他何天官。

何天官这官有多大呢？两人之下，万人之上。皇帝不用讲，宰相比他大。因此，何天官权势很大，享尽天下的荣华富贵，拥有金银堆积如山，要什么就有什么。

一次，皇帝在皇宫内招集文武百官，商议如何平息南方造反之事。何天官出了妙招，顺利平息叛乱，深得皇上大大赞赏，皇上嘉赏黄金万两给何天官，让何天官在家乡造一幢天官府。圣旨送到余杭县衙，县衙马上派三百能工巧匠，不分昼夜，不到360天，在百步村中建造一幢五厢三进的天官府。

在天官府的门口，立着雕刻精细的石狮、石马、石虎，并有几个卫士把守。还在天官府的左右边和后面建造了同样大小的六个小宫殿。村口村尾造了两座石牌坊。老远望去，整个天官府就像皇宫一样。

自从天官府造好以后，不知是何天官自己还是皇帝，下了一道命令，凡是经过天官府的人，不论官有多大，不管文官还是武将，必须在离天官府一百步路的地方，文官下轿、武官下马步行通过天官府。

从此以后，人们就把这个村堂叫做百步了。

讲述人：黄朝水　男　1905年　前溪村百步人

讲述地点：前溪村百步

记录时间：1986年6月

罗望坞

双溪到太平古有“三十六村”之称，三十六村的村名，大部分已成为老地名，现在使用不多，老百姓叫的不少。但有几个村已不复存在，早被四岭水库的水淹没了，罗望坞就在其中。

罗望坞，因一幢姓罗的大户人家的大房子而得名，房子的老祖宗叫罗隐。唐朝后期，罗隐与罗邺、罗虬合称“江南三罗”。

罗隐博学多识，人长得魁梧高大，脑子又聪明，但运道不好，考了十次进士，还是榜上无名，气得自己火冒三丈，将原来自己的名字罗璜的“璜”字改成“隐”。从长安一路回程，一边赶路，一边四处求职，就是怀才不遇，碰不到伯乐。后来总算在钱镠手下当了钱塘县令。好景不长，朱元璋、刘伯温推翻了唐朝。于是，全国混战，各地诸候纷纷划地为王。罗隐在一个小国家里当了一个管理铁、盐的大官。

罗隐管理国家的重要物资，却为自己梦寐已求的出人头地的心愿奠定了基础。别人能称王称霸，自己为何不能？论文才，天上知一半，地上懂全盘；论武艺，自己人大力不亏，少林拳武当腿也有两下。于是，罗隐暗地里招集了一批亲信干将，谋划着当皇帝的梦想。

当皇帝必须打天下，打天下就得有军队，要有人马武器，兵马哪里来哩？必须要有金银财宝招兵买马。罗隐管铁、盐等物资，手中有权，从中暗地里就千方百计把金银财宝集起来，偷运出来埋在罗望坞的山坞里。几年下来，不知有多少金银财宝被偷运埋在山坞里。后来，罗隐指使亲信把埋金银财宝的人统统杀光，并在山坞的一块大石壁上刻上“甚麽㔻”三个字作记号，还在山坞下面造了一幢房子，派人守护，以便等待时机，有朝一日，马上取出金银财宝，招兵买马打天下，以实现当皇帝的梦想。

过了不久，宋朝平稳天下，几个小国家统统归顺，罗隐的皇帝梦也泡汤了。

后来，罗望坞上几条山沟都被寻宝的人挖了又挖。至今，几条山岙里一块块大石头浮在土上，这是寻宝人挖的缘故，那藏宝的记号“甚麽㔻”还留在那大石壁上。

讲述人：詹章海　男　1945年6月生　双溪村化城人

讲述地点：四岭水库

记录时间：1987年6月

邵母桥

麻车头村有一个叫邵母桥的村堂，村中有一座古桥，以前桥名叫圣母桥。随着朝代的更换，“圣母桥”慢慢地变成现在的“邵母桥”了。

话说从前，这里住着一户姓邵的人家，邵姓的小伙子是个私塾的教书匠。小伙子二十岁那年，娶了老余杭的一位书香门第的大家闺秀为妻，夫妻俩恩恩爱爱，第二年丹桂飘香的金秋，生了一个白白胖胖的儿子，取名邵聪。邵聪十个月会走路，十二个月会说话，二十四个月能背诵三字经，是一个极顶聪明的小孩。

邵聪四岁那年，邵聪的父亲去苕溪北边村堂教书，傍晚回家时，正逢苕溪涨大水，当走在溪上木桥中间时，一个浪头冲下来，把木桥和邵聪的父亲一道冲走，留下苦命的邵聪和母亲两人。

邵聪的母亲带着邵聪，就经常到山边的庙里给父亲烧香祈祷，并为庙里烧饭打杂，混口饭吃，总算把日子过下去。

邵聪的母亲生得清秀丽质，又知书达理，斯斯文文。伊一边烧饭打杂活，一边看佛经做佛事，深得庙里和尚的赞赏。和尚事事为邵聪母子俩着想，让他们住得舒服，吃得上口，和尚还经常教邵聪读书写字，使邵聪的童年生活过得还算比较乐趣。

一天，邵聪的母亲从村庄里走过，村子里的几个妇女在背后指指点点，说邵聪的母亲在庙里跟和尚如何如何？气得邵聪的母亲哑巴吃黄连，差点晕倒。为了儿子，邵聪的母亲只得忍气吞声，承受侮辱，坚持下来。

几年之后，聪明的邵聪不负母望，金榜题名，考上了状元。邵聪准备去京城的这天早晨，母亲带伊来到当年父亲被大水冲走的地方，烧了佛经，叫邵聪点了三炷香，叩拜父亲，有朝一日，在这里造一座石桥，方便两岸百姓来回通行，以告慰九泉之下的父亲大人。

三年后，邵聪衣锦回乡探亲，才晓得母亲在自家去京城一年后，为躲避众人秽言而忍辱跳溪自尽。为了感恩母亲，铭记母亲的教诲，邵聪在苕溪上造了一座石桥，取名“圣母桥”，并在桥洞上的石栏上刻上“圣母桥”三个大字。后来乡人特意叫为“邵母桥”，意思是说，曾经谣言邵聪母亲跟庙里和尚有风流事，“圣”字不妥当。

讲述人：戴土根　男　1932年生　麻车头村黄墅组人

讲述地点：麻车头村

记录时间：2007年12月

同安天门

“同安顶上天门开，巨石凌空方腊来。”传说，宋代农民起义领袖方腊，小辰光随母亲从淳安逃荒，经新登、淤潜、临安，一路讨饭来到四岭，只见家家户户的大门关着，中午已过，方腊娘也没有讨到一粒米饭。这时候，小方腊已经饿得走不动了，方腊娘背着小方腊走着，走着，总算看见村尾有一户人家的门开着，方腊娘站在门口向屋里人说：“行行好，给一口饭吃。”里面卧在床上的老汉说：“我也没吃过中饭，孩子他娘还没有回来，今朝十月半，是同安寺菩萨生日，村里人都去给菩萨做生日去了。”方腊娘只好背着小方腊来到同安寺。

到了同安寺，好心的善男信女拿着素饭给方腊他们吃。吃完饭，方腊娘帮寺院洗菜做饭，小方腊在寺院内跑东窜西。方丈看见小方腊，就叫住了他，仔细一问，原来他们是讨饭来的，就收留了这一对苦命母子。从此以后，方丈收小方腊为徒弟，白天教他练武，晚上教他读书。小方腊聪明过人，只要师父教他一遍，他就永记不忘，练起武来浑身是劲，越练越神。一晃八、九年过

去，小方腊长成一个英俊潇洒的小伙子。

一天，方腊一早练完武，坐在寺院前池塘的石头上，看娘洗菜淘米。忽然间，他看见池塘水面上有千军万马正向前冲过来，说来也怪，方腊向东一挥手，千军万马就向东奔去，方腊向西一挥手，千军万马就向西奔去。方腊想，我已经有这么大的本领，为啥不到外面去闯一闯呢？

回到寺院，方腊恳求方丈放他下山闯世界。方丈对方腊说："你把吃过的螺蛳壳放到放生池里，把吃饭用过的竹筷插在寺前山坡上，到来年春天看一看，要是它们都能活起来，你就可以出去了。"

方腊按照师父的话，把吃过的螺蛳壳放到放生池里，把用过的筷子插在寺前的山坡上。

七七四十九天过去了，方腊天天到放生池看螺蛳，螺蛳壳空空如也，一动不动，又到寺前山坡上看插着的竹筷，竹筷仍旧是竹筷。九九八十一天过去了，螺蛳壳还是螺蛳壳，竹筷还是竹筷。

冬天过去了，春天来了，方腊到放生池一看，只见没有屁股的螺蛳正在石头上爬着。方腊到寺前山坡上一看，只见上圆下方筷子形状的竹子已经一枝枝长在山坡上了。

方丈觉得方腊可以出山了，就对方腊说："你如果能用三块石头搭起一扇大石门，以后做事就有号召力。"方腊遵照师父的嘱咐，一大早就来到点将台上双脚盘坐，运气练功。顷刻间，他双脚一蹬，腾空而起，"嗨嗨"两声，以超人的气魄，终于竖起了这扇大石门，这就是同安天门。

同安顶，林深树密，参天的大树比比皆是，毛竹林中，修复的同安寺，香火不断。山上没有屁股的螺蛳、方竹和雄伟的石门仍吸引着文人墨客络绎不绝。登同安顶，游径山湖，成为径山旅游中的绝佳双璧。

讲述人： 李洪来　男　1946年生　四岭村菜田坞人

讲述地点： 四岭村洞岩顶

记录时间： 1986年5月

将军山

将军山位于径山的前方，这里至今流传着一曲精忠报国的英雄赞歌。

800年前，金兀术带兵攻下了宋朝的京城开封汴梁，康王赵构仓惶南下，逃到临安，建起了南宋。不料，屁股没有坐稳的康王又接到军情，说是金兵占领金陵，一路南下，直扑临安。

为了保卫宋朝半壁江山，康王指派二位得力大将前往前方守关，一位把守独松关，一位驻守将军山。

将军山在双溪的南面，台山居双溪的北面，两山对峙，双溪便是关口，地势险要，是当年进临安的重要通道。一旦独松关失守，双溪便成了第二道防线。如果双溪丢失，金兵就会一路无阻直捣南宋京都。驻守将军山的将军深感责任重大，天天率领将士练兵习武，在安坪岗上操练兵马。将军在当年仙人下过棋的棋盘石上研读兵书，士兵们在磨箭石上磨箭，剑磨的雪亮，箭磨的雪尖。

不到三个月，金兀术带领金兵猛追猛打，第一天拿下了递铺、孝丰，第二天攻下了独松关，第三天就来到了双溪这个险要关口。兵临山下之时，将军镇定指挥不惧，采用口袋战术，让金兵进入包围地带，再两山将士夹攻，居高临下的将士用飞箭走石把一批批金兵打得稀巴烂。金兵一次次进攻，又一次次失败，宋兵一次次阻击，又一次次胜利。金兀术恼羞成怒，一发狠，就组织一千匹马，一千位将军，一万名金兵，发动强势猛攻。

这场血战打了七天七夜，南宋守关将士只剩下五个人了，关口终于失守。将军觉得自己无脸见皇上，也对不起天下百姓，就和四位壮士一起在磨箭石旁拔剑自刎。

将军埋在磨箭石旁，磨箭石下的四个炮头埋着四位壮士。为了纪念这位将军英勇守关的壮举，大家把这座山叫做了“将军山”。

讲述人：盛根福　男　1963年11月生　双溪人

讲述地点：双溪村

记录时间：1986年5月

美女山

径山北麓有一座山叫美女山。

传说很早以前，山下住着一个财主，名叫裘财。问他有多少地？方圆几十里。问他有多少房？大大小小一条街。这么多的房，他全租给了别人。他虽然如此豪华，却仍贪心不足。屋屋包租，大斗收租，荒年不减，熟年随增，总而言之，他是千方百计地搜刮穷人的血汗。穷人辛苦一年，也难饱几餐。

有一年遭大旱，一连四个月没有下雨，洋心畈的烂泥塘全都朝了天。乡亲们日夜盼望着老天爷下雨，却天天是火球样的太阳，庄稼被晒得枯焦。到秋天收割时，每亩粮食不上百斤，黑心的财主硬逼穷人交租还债。收割的粮食不够交租粮，只好家家断炊，户户断粮。

裘财的粮食堆积如山，穷人又没有钱去他家买粮食吃。为了活命，只得到山上采野果，挖苦苦莱吃。没过几天，上山的人越来越多。满山都是穷人，苦苦莱、野果都吃完了，只好去刮树皮摘树叶吃。

有一天，乡亲们正在山上刮树皮，突然面前出现了一位漂亮的姑娘，杨柳叶似的眉毛，樱桃一样的小嘴，不慌不忙，笑微微地说：“老乡们，山顶上有好多银子，你们跟我去，银子可以分给你们去换粮食吃。”乡亲们半信半疑地跟着姑娘来到山顶。果然，山顶上堆满了白花花的银子。姑娘当即分给他们每人一大把银子。第二天，乡亲们又上山摘树叶，原来，昨天分到的银子只能交租还债。姑娘知道了，又分给他们每人银子。结果到裘财家换粮食，却只能换一百斤。没多久，粮食吃完了，他们又上山摘树叶吃，善良的姑娘就再分给他们每人一大把银子。穷人们到财主家换粮食，也只能换一担半粮食回家。

裘财的粮仓也快要被乡亲们的银子换空了，他们哪来那么多银子？爱财如命的裘财，就混进人群，上山打听银子的来龙去脉。等他得知原来是山上有位姑娘分的。裘财就叫了一批家丁，把山围拢起来，梦想把银子全部夺回家。

那天，裘财带着家丁爬到半山，只见那漂亮的姑娘用手拔下头上的玉簪，由南朝北往山顶一划。刹时山崩地裂，山中忽然出现一条宽四尺左右的裂缝，白花花的银子全都滚进了裂缝。黑心的裘财一无所得，扑了个空。而这个分银子的姑娘早已无影无踪了。

从此，人们再也看不见这位漂亮的姑娘了。大家便把这座山叫做美女山。

有人说，当年埋在裂缝里的银子，后来却变成了一种多色多彩的无价之宝，大家都叫它“砩石”。

讲述人：王月娟　女　1962年8月生　四岭村沙塘人
讲述地点：四岭村沙塘
记录时间：1985年10月

娘娘山

长乐的南面有一座山，叫娘娘山。娘娘山山形奇特，好像金鸡独立，周围几十个山头都在它的腰里。关于娘娘山的来历，有一段感人的传说。

很早以前，小康王南逃，过长江经太湖沿苕溪逃到长乐的一座山脚，肚皮已经饿扁了，天气又热，口又干燥。小康王想，最好能弄点吃吃，再弄点水喝，顺便休息休息。正想着，小康王突然眼睛一亮，看见半山腰有一股烟气从松树林中升起来。

小康王沿着一条羊肠小道，向烟气升起来的方向走去。只见一间茅草屋，小康王走进茅草屋里，看见一位农家少妇正在烧饭。小康王讲："我是从北方来的，有人要追杀我，已经一天一夜没有吃饭了，请行行好，给弄点吃的吧。"

农家少妇看看小康王不像做生活人，文质彬彬的样子，也不像坏人，就煎个鸡蛋给小康王过饭吃。她看见小康王手上有伤，又弄点草药给他裹上，弄点水给小康王洗脸。

小康王一边吃饭，一边与少妇聊天，谢谢少妇给他饭吃，帮他治伤。虽然小康王讲北方话，少妇听还是听得懂的。小康王问少妇，你男人哪里去了？少妇告诉小康王，自己的老公已被官府拉去充军打仗。小康王觉得她是孤寡少妇，一个陌生男人有点不好意思，马上走到门口去了。

这辰光，远处传来“哒哒”马蹄声，小康王紧张起来，看来追兵已经到了山脚。怎么办？少妇对小康王讲：“你赶快到我房间，把衣裤脱掉，换上我老公的内衣内裤，睡在床上，你千万不要讲话，要装哑巴，否则北方话一露出就没有办法了。”

小康王为了逃命，只好这样做了，进去睡在眠床上。少妇把小康王的衣裤裹起来塞在灶洞里。又把烟囱灰涂在自己脸上。

一歇歇辰光，追兵几十个人跑到茅草屋里，东看西翻，看见房间里床上有一个人，就问少妇是啥人？少妇讲是自家老公，生病睡在眠床上已有好几日。追兵问床上小康王时，小康王假装“呜呜”像个哑巴子。他们再看看少妇乌黑脸孔，一付老实相，也就离开了。

追兵走了以后，小康王连忙起床，穿着少妇老公的衣裳裤子出来，对少妇讲，有朝一日自家当上皇帝，就来寻她，请她到京城享福，感谢她救命之恩。少妇往小康王口袋里塞了五六个番薯，小康王就急匆匆赶路去了。

几年之后，小康王在杭州当上了皇帝。一日小康王在西湖边看风景，看见一个女人好像蛮熟，就想追上去看看。小康王走快了，前头的女人也走快了，从苏堤追到白堤，追了大半个西湖，也没有追到那个女人。小康王在皇宫里想，这个女人是啥人，七想八想也想不到。第二天，小康王又到西湖边看风景，走着走着，在三潭印月旁边看见一位少妇在卖番薯。看见番薯，小康王突然想起，原来昨天看见的熟人，是长乐那个救命恩人。

过个夜，小康王乘上龙车，经过半日行程，来到长乐，步行来到山里茅草屋，只见茅草屋只剩下四方墙头，看看状况，这幢茅草屋倒塌也已经好两年了。

小康王有点懊悔，如果当上皇帝就来寻，还有可能寻着。他站在茅草屋四方墙头前，当场就封少妇为娘娘，下旨在这里造一座娘娘庙，以感谢少妇的救命之恩。以后老百姓就把这座山叫做娘娘山。

讲述人： 杜正妙　男　1956年3月生　平山村斜坑人

讲述地点： 平山村斜坑

记录时间： 2007年8月

狮子山

一条从西面天目山脚、一条从北面莫干山麓流来的两条溪坑，在双溪的狮子山下汇合成北苕溪，向太湖流去。这里的江南第一漂——双溪漂流已是闻名遐迩了。可是这横卧在溪边的狮子山的一段令人万分惋惜的传说，却很少被人知晓。

很久很久以前，有一位浪迹天涯的杂耍艺人，牵着三狗三猫一猴一狮走南闯北设摊献艺。数十年下来，倒也攒下了一笔可观的钱财。他把这些钱财全都装在一个褡裢里，系在腰间，打算再演出一场就金盆洗手，回乡安度晚年去了。这天中午，艺人来到了双溪，挑选溪北边山下一块平台，摆开场子，准备举行他的告别演出。午后不久，随着锣声一起，好奇的双溪百姓，早已里三层外三层把这个演出场子围了个水泄不通。艺人来劲了，大步走到场子正中，双手一拱，大喝一声：“嗨！”接着就传来了他抑扬顿挫的开场白：“各位父老乡亲，在下浪迹江湖数十年，今天在这里举行最后一场演出。明天，我将带领我的伙伴们返回中原故土度我的余生去了。请朋友们有钱的帮个钱场，没钱的帮个人场。闲话少说，我们立马献丑。”

接着，三狗三猫一猴一狮连同他自己卖力轮流上场献艺。到傍晚，又大大地赚了一把。

艺人心满意足地收摊后，去集镇一家酒肆痛饮了一场，直至午夜时分，才烂醉地上了床。至于他的伙伴们在干什么？装着钱财的褡裢放在何处？此时的艺人是什么也不知道了。第二天一早，艺人似醒非醒地踏上了返回中原故土的漫漫长路。猴子跳上艺人的肩头跟着走了，猫狗们互相吆喝着也上路了。唯有细心的狮子发现装着主人钱财的褡裢还躺在地上。于是狮子开始大声吼叫，希望主人听到叫声能回来把钱袋带走。可是由于酒精的后力实在太大，此时的艺人只嫌狮子太烦人，于是回身狠揍了狮子几鞭后继续赶他的路走了。

狮子无计可施了。它只好把褡裢捂在怀里，伏下身子，静静地期待着有朝一日主人能回来把褡裢和自己带走。于是它等啊等，一直不见主人的身影。不知道过了多少年，绝望的狮子化作了一块巨石，这就是现在的狮子山。如今你从溪中漂流的竹筏上望去，还可以依稀想象出当年雄狮匍匐在地的英姿。而那耍猴的平台，被后人叫做台山。

讲述人：王振南　男　1942年5月生　四岭村人

讲述地点：双溪村

记录时间：2005年8月

佛手印与青龙山

径山脚下有个村堂叫斜坑，村口南面有座山叫佛手印山，佛手印山的斜对面有座山叫青龙山。说起这两座不太高的山，当地流传着这样一个传说。

宋朝辰光，径山上寺庙里蛮闹热，皇帝宰相、文官武将都到径山寺庙烧香，香客成百成千上山。这一带有木佬佬寺庙，还是应付不了尬许多烧香人。

径山香火旺，闻名天下，连东海龙宫里都晓得了。龙宫里有一条青龙，也想来凑闹热。未经海龙王同意，青龙就偷偷摸摸溜出龙宫，向径山游来。

径山寺得知青龙要来径山捣乱，和尚就在山上作法，要阻止青龙作乱，保护径山一方平安，不让青龙踏进径山一步。

青龙从东向西游来，一路顺风，无阻无挡，刚到斜坑村口时，突然被五只手指摁住，向前不得，只得使出全身力气往后退，总算退后几百米。

挣脱后，青龙觉得头皮晕晕火火，龙眼直冒火。过了一会儿，青龙有点清醒过来，心里很不开心，自从娘肚皮里生出来，从来没有吃过尬大的亏。

青龙躺在青芝堰上头河港里，一边使头脑更加清醒些，一边养养力气，等待时机，心想等天暗时再行动。

这天刚落过大雨，山洪爆发，青龙好不得意，就想趁机冲上山去。天刚暗下来，青龙腾空而起，闪电般穿过斜坑上空。突然间，天空“隆隆”一个大闷雷，青龙感觉自己的尾巴被一只大手抓牢，正想使劲甩掉那只大手时，却被那只大手用力一甩，把青龙甩出村口外面去了。

这次青龙被一抓一甩，大伤元气。这么厉害，是啥仙道？弄得青龙丈二和尚摸不着头脑。但是青龙毕竟是青龙，年轻气盛，不管如何，也要弄个鱼死网破。

过了两天，青龙又发起功来，天上的雨像水桶倒落下来一样，整个斜坑村都是山洪泛滥。这次青龙吸取前一次教训，不用腾空而是往山洪水里窜。起初水里窜还比较顺利，但一窜到斜坑村口时，又被一只大手狠狠摁住，向前不得，向后不能。一会儿，天晴了，山洪没有了，青龙伏在地上一动不动，每当睁开眼睛看看，一只大手在前面，久而久之便成了一座矮山，大家叫它青龙山。直至今朝，青龙还是伏倒在那里，那座叫佛手印的山还在青龙山的对面，看管着青龙，保护着径山的平安。

讲述人：杜正妙 男 1956年3月生 平山村斜坑人

讲述地点：平山村斜坑

记录时间：2007年8月

锯锯桥与塔山

小古城村塔山，就是现在双溪漂流终点的那座小山。老人说很早以前山上有一座塔，后来被人拉倒了。

很早之前，塔山的西北面有五个小山炮，是五条鲤鱼精。它们经常到梦溪滩的苦竹潭洗浴，兴风作浪，洪水泛滥，黎民遭殃。一位风水先生路过此地，了解情况后，为了阻止鲤鱼精作恶，动了几天几夜脑筋，想出了一个办法，就是在边上的小山上造一座塔。不过这座塔一造，对岸汪家村却要吃亏。

塔造起来了，五条鲤鱼精果然被镇住了。不过这样一来塔的对岸汪家村一带却出了怪事，村里雄鸡不啼叫，母鸡不生蛋，猪狗也不吃食了。于是对岸的百姓便请来了风水先生。风水先生天干地支一算，说是西北边山上造了塔的缘故。于是对岸的百姓联合起来，几十人用一条大绳索拉，硬是把这座塔拉倒了。塔倒了，对岸的鸡会啼了，狗会叫了，家里的禽兽养得蹦蹦跳，可这边的鲤鱼精又出来作孽了。

没有办法，这边的老百姓又去外面请风水大师。一天，果真请到了一位风水大师，这位大师满头披肩银发，嘴下一大把白胡须，手持一支虎头拐杖，来到推倒的塔基上，东张西望。第二天又在五个小山炮上爬来爬去，用一面罗盘在这里摆摆那里照照。

七七四十九天过去了，大师的破术也出来了。大师叫老百姓准备五条大鲤鱼，自己要作法道，镇镇鲤鱼精。这一天，大师在五个小山的中间作起道场，把五条鲤鱼架在熊熊烈火中烧，把鲤鱼烧成灰，又在一条通往苦竹潭的小沟上造了用三块石板铺设的桥，桥名叫锯锯桥，据说这石板桥是镇妖的桥。锯锯桥造好后，五条鲤鱼精果然再也不出来作孽了。

讲述人： 赵大陆　男　1943年1月生　双溪村台山人
讲述地点： 双溪村台山
记录时间： 2007年8月

夹 堰

双溪上有一座堰坝，叫夹堰。相传是一位叫夹九宫的老人建造的。夹堰建造起来以后，好处很多。一是方便山里人撑排，创造囥水条件，使安吉的山川、本地的太平、百丈一带山农的产品都能够顺顺当当撑运到瓶窑去卖掉；二是螺丝坞、夹坞、汪家村、漕桥、麻车头农田的用水条件得到改善。说起来，夹九宫的功劳莫佬佬大，不过当时建造辰光确实花费了很大心血。

那是蛮早以前的事了。夹九宫挑着几只蜂箱，从老远地方逃荒逃到附近一个山坞的口子里，单家独户在这里，一边养蜂，一边在周边开山耕地，种六谷过日子。当时这里没有地名，由于夹九宫住在这里，官府就把这个地方叫做夹坞。

开始几年，夹九宫种种吃吃还算可以。后来逢到干旱，长久不落雨，花草枯死，蜂蜜减产，种田颗粒无收。再后来，逃荒来的人多起来了，吃水都成问题了。夹九宫想，自家已经七十多岁了，用水吃水这桩事情成为自家二十多年来的一块心病，为了子孙后代考虑，也得想想法子了。

一天早上，夹九宫独自一人沿着山边向螺蛳坞、招贤弄走去，穿过一片大竹园，来到井界岭的岭上，只见苕溪的溪水哗啦啦地流淌，夹九宫心情激动，多好的溪水，要是能让溪水流过家门口该多好啊？

第二天，夹九宫背着锄头，挑着土埭和棉被，来到井界岭附近，搭起草凉亭，准备在苕溪建堰坝，把水引到山边一带，方便老百姓用水吃水。

夹九宫每天太阳还没升起来就出门，在溪边挖石头，运石头，到星星满天时，才回草凉亭休息。石头沙泥准备好了，就去临安挑石灰。挑石灰是个硬生活。要经过元宝岭、黑岭、黄畈、临安，到于潜去买好再挑回来，实实足足挑了一个月。

等到苕溪上水比较少的冬天，夹九宫就开始在溪上做

堰坝，做啊做，做啊做，做了一个冬天总算做好了堰坝，这时候夹九宫劳累过度，已经病倒在草凉亭里了。

病在床上的夹九宫，心里老是在想，堰坝做好，水如何引过去派用场，自己已经无能为力了，但这桩事体总不能半途而废了，怎么办?

过了几天，沿山的村庄里流传开了几句话：“堰坝挡溪路，菩萨托法路，蚂蚁爬线路，百姓挖水路。”果然，有千万的蚂蚁从井界岭脚起一直到麻车头这一条线上爬来爬去。老百姓看到这种情况，都说是菩萨显灵。于是老百姓全部出动，在蚂蚁爬的线路上挖水渠，一下子井界岭到麻车头近二十里的水渠挖好。从此，苕溪从堰坝进入水渠流向螺丝坞、夹坞、香下桥、漕桥、小五山、麻车头，使这一带老百姓用水不愁，吃水不忧。

其实这几句民谣是夹九宫编出来的。那么蚂蚁爬成蛮长一条线路又是怎么回事呢?原来这是夹九宫用蜂蜜倒出来的，蚂蚁要吃蜜，就爬成了一条线。堰渠做成后，夹九宫便在草凉亭病故了。

夹九宫造堰坝做引水渠道，为老百姓做了一件天大的好事体，民众为了纪念夹九宫的丰功伟绩，把堰坝称为夹堰，在草凉亭的地方还造起了九宫庙，年年祭祀这位了不起的老人。

讲述人：蔡森木　男　1960年生　潘板桥村螺蛳坞人

讲述地点：潘板桥村螺蛳坞

记录时间：1986年6月

砻糠堰

以前，双溪太平有三十六村。这三十六村中有个叫仕村的地方，这个地方有一座桥叫仕村桥。仕村桥上方有一座堰坝，叫砻糠堰。砻糠堰作用蛮大，它不但担负着仕村、沙塘、岑家畈三个村坊的老百姓吃水，而且承担着静心畈二千多亩水田的灌溉。那么为啥这座堰坝叫砻糠堰呢？说起来，不是说它是用砻糠做起来的堰坝，这里原来有这样一个故事哩。

很久很久以前，座落在北苕溪上的仕村桥，是瓶窑、余杭、双溪通往太平的必由之路。这座桥由几根木头拼起来作桥板，用两根大木头撑在溪水中作桥脚，老百姓在上面来回行走。由于山里头经常洪水泛滥，仕村桥也常常被洪水冲走，冲走了老百姓再架起来。发大水时，太平跟千岱坑、后房、灵峰寺的人就不能到双溪外面来了。

有一年夏天，住在仕村的张阿土，有个儿子叫阿水，正在后房读私塾，仕村到后房蛮近，走七八分钟时间就到，但必须通过仕村桥。

阿水早上蹦蹦跳跳去读书，夜快边放学回家，走到大溪旁，一看仕村桥不见了。阿水望着溪中翻天倒地的浪头，哭作拉污。哭了一阵，坐在石头上发呆，有个人拍拍阿水肩膀说："阿水不要哭，到我家拿点砻糠，往上面堰坝水高头撒些砻糠，就可以走回家了。"阿水抬头一看，原来是住在三官桥旁边的阿公。这个阿公嘴上一大把胡须雪白雪白，有人讲伊80多岁，有人讲伊100多岁，到底多少岁数至今没有人晓得。阿公经常到阿水家跟张阿土喝老酒，所以阿水老早就认识阿公了。

阿水跟着阿公到三官桥阿公家里拿着几大把砻糠放在书包里，将信将疑地来到堰坝旁。

这时候，溪水像脱缰的野马从堰坝上奔腾而下，阿水越看越怕，伊先抓了一把草甩在水里，一眨眼工夫，草被水冲下几十米。阿水想，阿公会不会戏弄我？但阿公平常对我非常好，经常带点糕饼糖果给我吃，总不会戏弄我的。再说，这时候，天空已慢慢黑下来了。阿水只想回家，没有别的办法，只好根据阿公指点的办法试试看。阿水往水上撒了一些砻糠，用脚踏上去，果然不会沉下去。阿水就一边往前撒砻糠一边向前走。奇怪真奇怪，砻糠撒在汹涌的洪水上面，也不会跟水淌走，阿水脚踏在砻糠上也不会沉下去。就这样，阿水回了家。

又过了一年，阿水放学回家，走到仕村桥旁，仕村桥又被洪水冲走了。阿水又去三官桥阿公那里讨了几把砻糠来到堰坝旁，只见有几十个人乱哄哄站在堤塘上。阿水一到，有个当官样子的人对阿水讲："我是宋朝小康王，金兀术正在后面追杀我，你有没有办法带我们走到对岸去。”阿水一听是小康王，教书先生曾经讲起过，就给了他一把砻糠，小康王在前头一边撒砻糠，一边带领兵马跑过溪。等小康王过溪后，金兵的大批人马也追到了，他们也想追到对岸去，却不知道这里的奥妙，忽然之间，一个大浪头泼过来，所有追兵都被大水冲走了。

从此以后，人们都把这座堰坝叫做砻糠堰。

讲述人：何观生　男　1946年8月生　四岭村仕村人
讲述地点：四岭村仕村
记录时间：2007年8月

皇公堰

绿景塘与临安黄板镇交界的苕溪上，有一座蛮大蛮大的堰坝，叫皇公堰。皇公堰担负着下游绿景塘、冷水桥一带几千亩农田的灌溉，同时也承担着千余百姓的饮用。听老辈人讲，皇公堰本来叫王龚堰，是一个姓王的和一个姓龚的两个人建造的。

老早辰光，绿景塘一个姓王的小伙子在苕溪上放鸭，冷水桥的一个姓龚的大姑娘也在苕溪上放鸭。早上，天蒙蒙亮就赶着鸭子在溪坑放养，傍晚天暗洞洞回家。王小伙从上头放下来，龚姑娘从下头放上去，一日二日过去，十日半月落来，王小伙与龚姑娘从碰头不响，到见面笑笑，又从又说又笑，到不见不散相亲相爱。有一天，他们两人便在一棵老柳树下，跪在地高头，脸朝清清爽爽、蹦蹦跳跳的溪水发誓，非侬不娶，非侬不嫁。王小伙准备第二天托人做介绍迎娶龚姑娘。

发过誓的第二日，王小伙放鸭到柳树下，龚姑娘放鸭也放到柳树下，两个小年轻脸色没有以前见面时那么灿烂，没有喜悦，愁眉苦脸。王小伙讲："侬今朝身体不好？"王姑娘讲："呒不，侬脸色也不大好？"王小伙讲：“我的阿爸为了放田水被别人家打伤了。”龚姑娘讲：“我的阿爸为了放田水也被别人家打伤了。”

王小伙讲：“我们两个人的事体只能过一段辰光再讲了。”龚姑娘点点头。

七七四十九天过去了，王小伙家里托村上的快嘴阿花到冷水桥龚府谈亲。七讲八讲，甜言蜜语，不料半路上杀出程咬金，原来王家和龚家是冤家对头，而且是鸭毛没有出齐的新冤。前几天，天空长期不落雨，溪里放下来的沟水小，禾苗枯萎。王小伙阿爸与龚姑娘的阿爸为了争田水，大动干戈，大打出手，一个脚指头弄出血，一个手指头流出血。原来两家是冤家对头，快嘴阿花也没有办法了，只得吃了个喷头，快马调头，夹着尾巴，回汤豆腐干，垂头丧气，媒人呒不做成，一双鞋子

一只蹄膀也落空了。

再讲王小伙、龚姑娘，听到这种情况，真是晴空霹雳，日里见鬼。两个人抱在一起哭天喊地，侬有情，我有意，侬有心，我有肝，侬是大溪鱼，我是大溪水，鱼水怎么可以分离呢？苦哇！

王小伙讲："龚姑娘，不管天崩地裂，我不离开侬。"龚姑娘讲："不管海枯石烂，我也跟着侬。"不过两个小年轻再一想，双方父母对自家都蛮好，从小一把尿一把屎把自家哺养大，怎么好埋怨自家的双亲呢？要怪要怨就是沟里的水太少，要怪要怨就是老天不落雨，太阳恶毒。

七思八想，七怪八怨，两个年轻人想出了一个好办法来。决定在大溪上做堰坝，把大溪水拦起来引到田畈里，让溪水唱歌来到田里，让溪水哼着小调走到村子里。这样一来，大家不为水愁，不为水吵，不为水斗，多少好？是呀，我们常在溪边放鸭，因溪水结缘，因溪水结冤，何不再因溪水结良缘呢？

从此以后，王小伙、龚姑娘为了爱情，为了帮助解决村坊用水、田里灌水，每日起早摸黑搬石头、抬石头。一个冬天过去，他们终于把一座堰坝做好了。

春暖花开的时候，溪水蹦蹦跳跳沿着水沟流进村坊，流入田里，绿景塘、冷水桥一带老百姓不再为用水争吵了。王小伙和龚姑娘的婚事在快嘴阿花的凑合下，终于洞房花烛，喜结良缘。

大家为了感谢王小伙、龚姑娘建造堰坝，为老百姓做好事，决定把这条堰坝叫做夫妻坝。王小伙和龚姑娘得知后，连忙说不要，说是应该称为“王龚堰”，这是王家和龚家两家人建造的，一是造坝时自家两人还不是夫妻，没有结婚，二来双方大人为了子女不记前仇，宽宏大量，冤家变成了亲家。从此以后，大家就把这里叫做“王龚堰”。再后来，地方官又把“王龚堰”写成“皇公堰”，拿来讨好皇上，那又是后来的事了。

讲述人：徐卫国　男　1953年10月生　绿景村绿景塘人

讲述地点：绿景村绿景塘

记录时间：2007年8月

三十六个金头坟

当年，清朝名将王天官在疆场厮杀中不幸牺牲，他的脑袋找不到了，皇帝赐了一个金头，吩咐和无头尸体一起安葬。为了防备金头被人挖盗。当时一共做了36口棺材，埋在36个地方。真正的金头坟在哪里？谁也不知道。

背靠径山寺的西山村跳板桥组周围有36个小山，山上翠竹满坡，林木葱荣，村口有两口小池塘，据说是龙的眼睛，从径山缓缓延伸而来的小山腰酷似一条龙。世世代代，这里流传着一个有趣的传说。

“龙头”住着村民王天官的后代王荣祖，今年67岁。现在的宅地原来是一幢规模庞大的楼群，一进五间四厢，共有七进。栋梁是上等的木料，火烧不掉水烂不掉。画梁雕栋，牛腿龙凤，气派十足。老房子已经拆掉，留下一个院门，老态龙钟，三块石板搭成的院门上精雕细刻着的凤凰、梅鹿、麒麟、鲤鱼、梅花等图案。条砖、方砖、棱砖拼成各种吉祥图案，真是好看极了。

关于王天官的身世有两种说法。

有人说，王家家谱上，王天官身着清朝官袍，头戴官帽翎戴，是一个管国库粮食的大官，遭人诬告而被皇帝下旨杀头。后来真相大白，皇帝赐金头为他昭雪平反。

又有人说，王天官是清朝的大将军，在边疆英勇抗敌，不幸战死，尸体运回已是有身无头。皇帝得知后，赐金头一个，好让王天官有头有身，魂归故里。王天官尸体运回径山邵家畈跳板桥老家，知县、府台为王天官举行隆重的葬礼。为了防备金头被人挖盗，特地做了36口棺材，筑了36座坟。王天官的大媳妇哭灵时，在安放王天官的棺材上用牙齿咬了一口，留下三个牙印作为记号。

关于王天官的真身究竟葬在何处？也有两种说法。一说在长乐村仁庆寺，寺前大道两旁还有十几只狮子留在那里。二说是在王天官老家北边300米的小山头上。究竟是真是假，谁也说不清楚。

讲述人：王伟龙　男　1961年7月生　西山村邵家畈人

讲述地点：西山村邵家畈跳板桥

记录时间：2001年12月

将 军 石

径山背面，有一个小山村，村名叫茅塘。茅塘村子虽然小，房子建筑却很古老，村坊位置很像《水浒传》中的梁山，梁山山门前是梁山水泊，而茅塘山门前却是悬崖峭壁，百米坡流。瀑布旁有一条石块铺成的山路，是唯一进出茅塘的必经之路。1945年，新四军苏浙军区司令员粟裕将军挥师南下，就曾经驻扎在茅塘，指挥过著名的安吉孝丰之战。

茅塘背后，有一个地方叫千羊石，当地老百姓都知道它的来历。传说八仙之一的蓝采和为建钱江大桥，点石成羊，赶着羊群经过这里。迎面碰到一个老头，挡住去路，蓝采和边走边喊："老伯，让一让，羊群来了。"那老头怪笑一声："什么羊群呀？分明是一堆石头嘛！"这一说可不得了！老头一语道破仙机，那群羊顿时又变了回去，成为一堆石头，留在了那里。

千羊石上方有一块凌空架起的平台石块，叫做将军石，这里也有一段传说。据说在抗日战争时期，粟裕将军的司令部就设在茅塘村里。当时，国民党顽固派极其猖狂，出动大批兵力围剿新四军。为了推动民众联合抗日救国运动，打击反动势力的嚣张气焰，新四军苏浙军区在临安于潜打了一个大胜仗，又决定在浙西进行第二次反围剿自卫战役。为了蒙蔽敌人，补充部队人员，新四军苏浙军区迅速向浙西会合。一路上，一边号召横畈、长乐、双溪、太平的爱国青年参加新四军，扩充部队，一边又指示各连在垒灶烧饭时，一只锅子烧顿饭，却一定要用三、四个灶洞，战士们沿路还不断摔抛草帽，用来蒙蔽追击的敌人。

三月下旬的一个傍晚，春雨飘洒，粟裕将军一百余人冒雨赶到茅塘集合。当时的茅塘只有十余户山民，随军被服厂办在这里，已经给老百姓带来麻烦，这百余人又住到哪里呢？尽管天已不下雨，但地上很潮湿。这时，警卫连的连长向粟裕将军报告，说村子后山有一大批石头，战士们可以睡在石头上。于是，粟裕将军带领指战员来到千羊石宿营。粟裕将军就睡在这块大巨石下，指战员们却睡在石头上。第二天拂晓，粟裕将军就站在这块巨石上作战前动员，四月下旬，打了个大胜仗，俘敌千余名，大获全胜，狠狠打击了国民党顽固势力，有力地推进了抗日救国运动。当地百姓为了纪念粟裕将军，就把这块大石头叫做“将军石”。

讲述人：赵大陆　男　1943年1月生　双溪村台山人

讲述地点：鸬鸟镇山沟沟

记录时间：2005年6月

棉被作记号

初冬的一日，徐文长一个人步行到径山来，走到里洪跟斜坑之间的黑岭上，天都黑了，从杭州出来，走七、八十里路，蛮吃力。徐文长想，到径山要跑蛮多山路，到双溪也要走莫佬佬路程，人又疲劳，干脆在黑岭上的凉亭里住一夜吧。

徐文长走进凉亭一看，有个人正在摊开棉被，在凉亭里睡觉。虽然是初冬，晚上蛮冷。徐文长坐在凉亭的条凳上，全身冷得发抖。过了一歇，徐文长实在受不住了，伊就开口对睡在地上的人讲："师傅，让我困困。"那人讲："棉被蛮薄，我一个裹着棉被都冷死。"徐文长没办法，过一会，伊又对睡在地上的人讲，让伊困困，地上的人不肯。又过一歇，徐文长已经冷得嘴唇发紫，全身发抖，心里恨极了裹着棉被困在地上的人。

徐文长不管三七二十一，索性钻进被窝。那个人见伊硬钻进来，也没有法子，就让伊与自家一块困着一条棉被。

半夜里，徐文长在地上七摸八摸，寻到一截烧过的棒头，伊把棒头夹在脚指头里，在棉被那头用脚夹着那截烧过的棒头炭，在被上画了一个"文"字。

第二日天亮了，那个人起身要走，徐文长赖在那里不肯起来。那个人讲：“喂，起来，我要赶路了。”徐文长讲：“我吃力死了，再困一歇。”那个人讲：“侬这个人有毛病，这床棉被是我的，我要卷起来赶路了。”徐文长讲：“侬这个人有毛病，侬走就走，叫我做啥？”

那个人拉起棉被，却被徐文长拉牢不放，那个人就破口大骂：“哎，侬做啥拉住棉被？”徐文长讲：“做啥？这棉被是我的。”那个人火冒三丈，两个人你拉我扯，吵了起来。那个人对徐文长讲：“人有良心狗不吃屎，我让侬困困，侬可好，却要懒我的棉被。”徐文长讲：“做人要讲道理，两个人讲不清，等一会有人来，叫大家评评理。”“讲理就讲理。”那个人自认晦气。

过了一个时辰，来了两三个过路人。那个人就大喊大叫：“大家评评理，这个无赖，让伊困困，却要赖我的棉被。”徐文长讲伊是无赖。公说公有理，婆

说婆有理。过路人很难断案。过路人当起包公，先摸摸情况再判定，过路人问："侬讲是侬的，伊讲是伊的，光讲讲不清爽，现在只有一个办法，各人在棉被上有啥凭记，可证明是啥人的？"那个人讲："棉被就是我的，没有啥可证明的。"徐文长讲："我有的。"过路人问："有啥？"徐文长讲："棉被里写有一个字，文化的'文'字。"过路人翻开棉被一看果然被布上写有"文"字，就对那个人讲："这床棉被是伊的，不是侬的。"

那个人只好留下棉被，气呼呼要走。这时候，徐文长却哭嘻嘻地拍拍他的肩膀对他说："跟你开开玩笑，不要当真。棉被还给你，不过你要记牢，以后不要太霸道，待人好一点，不吃亏的，懂吗？"

讲述人：詹章海　男　1945年6月生　双溪村化城人
讲述地点：双溪村
记录时间：1986年5月

都来看

夏天的一日，徐文长在双溪街上茶馆里喝茶，外面走进一个人，坐在他台子对面，穿着跟徐文长差不多。那个人也要了一杯径山茶。两个人一边喝茶一边聊天，蛮投机，一见如故像是老相识，大概喝了一个时辰，那个人讲出去方便一下，就走出去了，过了蛮长辰光也不见人影。茶馆伙计认为徐文长是两个人吃茶，要伊付两个人的茶钱，徐文长讲不清爽，就付了茶钱回杭州去。

走了一里路样子，看见大溪塘高头有一个人在走。徐文长两步三脚就追牢这个人。徐文长对那个人讲："我们好像很面熟的？"那个人讲："我们在双溪茶馆里一道喝过茶。"徐文长讲："对，对，今朝太热，我们一道到大溪坑里汰浴。"

徐文长和那个人来到大溪旁，那个人一边脱衣裤，一边问徐文长："先生尊姓大名？"徐文长讲："本人姓都，名来看。"徐文长也脱掉衣裤和那个人一道跳进清凉的大溪坑里，游水汰浴。

汰了一会儿，徐文长偷偷上岸，穿好衣裤，卷上那个人的所有衣裳裤子走了。

那个人汰着汰着，一看不见刚才那个人，就上了岸，却发现自家衣裳裤子不见了，只好光着身子大喊：“都来看！都来看！”听见叫喊声，大溪旁的男女老少都赶过来，一看是个全身一丝不挂的男人家，女的都转身走了，男的都拿竹梢打那个人：“都来看，叫我们来看侬这个畜生，打死侬。”

讲述人：詹章海　男　1945年6月生　双溪村化城人

讲述地点：双溪村

记录时间：1986年5月

躲避贼骨头

徐文长写诗画画，东走西跑，有两个铜钿就跑出去游山玩水，寻欢作乐，铜钿用光了又赶回家画画，家里空堂堂，没有一样像样值钱的东西。

一日夜里，几个贼骨头偷偷摸摸撬开徐文长的后门，进屋偷东西。徐文长一听见撬门声，就一头钻进房间的木箱里。贼骨头东翻西翻，也没有找到好东西，却寻着一口木箱，蛮重，贼骨头想，里头肯定有好东西，两三个贼骨头三下五去二，绑上绳子，插上扛子就抬，吭哧吭哧抬了半里路，在一个角落歇了落来，急急忙忙打开箱子一看，几个贼骨头吓了一跳，箱子里站起一个人，贼骨头问："侬躲在箱子里做啥？"徐文长难为情地讲："家里太穷了，没有一件像样的东西，让大家白跑一趟。惭愧啊惭愧，我无脸见你们只得躲在箱子里。"几个贼骨头一听，觉得这个徐文长不是省油的灯，互相使了使眼神，连忙逃走。

讲述人：詹章海　男　1945年6月生　双溪村化城人

讲述地点：双溪村

记录时间：1986年5月

吃毒药谢罪

徐文长每到一地方，都要到寺庙里走走看看。

一日，徐文长来到一个寺庙里住了下来，庙里方丈叫徐文长到大堂里听佛经。方丈念佛经念到一半，有个信徒捧着一瓶蜜糖送给方丈吃。方丈念完佛经后，与徐文长一道回到客堂。在客堂里，方丈与徐文长谈论佛经，有一个和尚来叫方丈，说有急事要出去一趟，方丈起身要出去时，又怕蜜糖被徐文长吃掉，就对徐文长讲："施主，这是毒药，万万不可动也。"讲完就出去了。

过了一歇辰光，方丈回到客堂，只见那装有蜜糖的瓶子已经空荡荡了，就问徐文长："瓶里的毒药呢？啥人吃了？这还了得？这还了得？"徐文长指指经书讲："我得罪了佛主，想寻死谢罪，就把这瓶毒药全部吃下去了，啥人晓得到现在还不死。"

方丈满脸通红，只得自认倒霉。

讲述人： 詹章海　男　1945年6月生　双溪村化城人

讲述地点： 双溪村

记录时间： 1986年5月

对课付酒钱

有个太师的得意门生吴进士，在一次对课作诗时被徐文长当众奚落一番，吴进士一直来怀恨在心，总想寻找机会报复徐文长。

一日，吴进士邀请山阴城几个好友集会，共商报复徐文长的事情。来的人都是山阴有头有脸的人物，酒足饭饱之后，吴进士把自家想法告诉了大家，要大家帮他想个十全十美的办法，能叫徐文长哑口吃黄连，有苦讲不出。

第二日，王秀才出面邀请徐文长赴宴。原来王秀才与徐文长有过一段交情，王秀才开了一家装裱店，徐文长拿书画作品到王秀才那里装裱。王秀才对徐文长讲："我邀请几位好友一同吃顿饭，望徐先生赏脸。"徐文长答道："一定赴宴，谢谢盛情。"

晚上，四个人同时到山阴城里一家最好的酒家，大家相互寒暄一番，坐下来就开始吃起来，来一碗吃一碗，来一盘吃一盘，老酒一盅一盅往肚里灌。

坐在徐文长对面的吴进士，低着头不敢直眼看徐文长，可徐文长根本不当一回事，自管自家吃喝，好像以前跟吴进士不认识似的。

吃啊吃，吃到一半时，王秀才拿起酒盅说："各位先生，实在愧疚，邀请各位，大家赏脸，可我一时匆忙，忘带铜钿了。”未到王秀才把话讲完，李先生接过话题讲：“我们今天都是秀才、进士，何不来个对课？看谁对得好，对不出的付酒钱，好吗？”边上的吴进士、王秀才连忙说好。

李先生讲：“各位先生，贤弟不才，愿出个题目向大家请教，每人比喻一样东西，吟四句诗，每句诗的后四个字，四个人都要一样，第一句后面是‘团团圆圆’，第二句后面是‘牵来帮去’，第三句后面是‘千千万万’，第四句后面是‘千难万难’。”吴进士、王秀才连忙讲：“老弟高见，好极了，好极了。”徐文长却不动声色，先看看再说，他心里有底，他们三个人一定是商量好想调排我的。徐文长一边盘算着，一边点点头称好。

吴进士站起来先讲：

月半的月亮团团圆圆，
月亮旁边的云彩牵来帮去，
四周的星星千千万万，
要想摘下来千难万难。

王秀才站起来讲：“吴兄对得好，现在我来献丑了。”

一只荷花池塘团团圆圆，
荷花根在下面牵来帮去，
折断藕丝千千万万，
要拿去织布千难万难。

李先生也站起来说：“王兄对得好，对得妙，下面轮到我，请三位指教。”

一盏青油灯团团圆圆，
灯草盘在那里牵来帮去，
点了的灯草千千万万，
要刮起一萝炭是千难万难。

吴进士对徐文长说：“现在要听听徐先生的高论了！”

徐文长灵机一动，起身朝外面走，一边走一边讲：“我要去拉屎。”三个人以为徐文长要逃跑，逃避付酒钱，就急忙追上去拉住他，这一拉不要紧，七拉八扯把徐文长的灵感拉出来了。徐文长指指吃剩下的酒菜，开口道：

我们四个人吃酒坐得团团圆圆，
我要去拉屎你们拉得我牵来帮去，
今天吃掉的酒菜铜钿千千万万，
想叫我来付铜钿是千难万难。

说罢，徐文长朝三个人点点头，说声：“谢谢各位。”，迈着大步扬长而去。

吴进士、王秀才、李先生三个人眼睛白瞪白瞪，只好老老实实去付酒钱。

讲述人： 詹章海　男　1945年6月生　双溪村化城人
讲述地点： 双溪村
记录时间： 1986年5月

两兄弟种西瓜

很早以前，美女山下有一对兄弟，从小没有爹没有娘，阿哥叫阿大，阿弟叫阿二，阿大阿二兄弟俩相依为命。大人双双过世，留给兄弟俩只有山下一块田，山上一块地。兄弟俩田里种稻谷，地上种六谷，总算把日子过下去。

一年又一年，阿大变成小伙子，在左邻右舍亲朋好友的帮助下讨了老婆。阿大讨了老婆，阿二有大嫂，真是高兴得不得了。啥人知道阿二高兴得太早，大嫂讨进门，阿二却要被赶出门。

大嫂进家门，吃口多一人，本来粮食勉强过，现在要脱空，再讲阿二胃口大，长身体做重活。大嫂嫌阿二不光会吃，主要是担心将来造房子讨弟媳妇，要蛮多钞票，这样一来如何过好日脚?

一日早上，阿大阿二大嫂三人刚吃过早饭，大嫂开口："小叔，老古话讲，树大分叉、儿大分家。兄弟俩一分为二分两家，祖宗留下一块田、一块地，各人一块，我们分田，你分一块山，今后各人持家立业。"阿大在一旁不响，阿二忍气吞声，拿了一把山锄，一把钩刀，卷了一床破棉被上山去了。

阿二在山上搭了个三角撑茅棚，白天开山，夜里靠在床上数星星，看月亮。一个月过去了，一块山地开掘出来，阿二在山地上种了西瓜，等西瓜大了卖钞票度日脚。

经过两个月辛勤管理，西瓜生出来了，一天天大起来了，阿二日乐夜笑，盼望着西瓜快快大起来。

正当阿二望头十足时，一个个大西瓜不见了。原来大西瓜都是被猴子偷去的。晚上，阿二看猴子来就赶，谁知道越赶越多，气煞了阿二。

一日晚上，阿二拿了一只麻袋，一面铜锣，来到西瓜地中央，自家手拿着铜锣，钻进麻袋里。半夜里，猴子来了莫佬佬，一只猴子叫了起来：“这里有只大西瓜。”于是，大大小小猴子一起围拢来，一只蛮大的猴子是猴王，猴王指挥讲：

“大家把这只大西瓜抬回山洞里去。”猴子们“嗨哟嗨哟”把这只麻袋抬到山顶，放在山洞口的大石头上。

猴王叫猴子们把洞里的金银财宝搬出来，放在大西瓜前祭拜。“一拜！再拜！三拜！”正拜得起劲，突然听见“哐哐哐”的铜锣声，猴子们一听刺耳的锣声，吓坏了，顿时东窜西跑散了场。阿二爬出麻袋，蛮好，就把金银财宝装进麻袋背回家。

阿二发了横财，买了九百九十九亩水田，九千九百九十九亩山地，造了五间四厢二层走马楼，成了方圆百里的富人。

阿二发了横财，阿大发呆，大嫂发痴。大嫂催着阿大：“老公，阿二发财，你去打听打听，他是怎么发财的？叫阿二教教我们，让我们也发发财。”阿大讲：“阿二送给我们介许多田地，日脚好过就好了，算了。”老婆不答应。在老婆催逼下，阿大只好去阿二家去讨教。

阿大对阿二讲：“弟弟，把发财的办法教教我？”阿二讲：“哥哥，要发财蛮简单。”就把发财经过向阿大讲了一遍。

“那今年山上西瓜让我种。”阿大对阿二讲。阿二痛痛快快答应了。

阿大搬着棉被，扛上山锄钩刀，上山种西瓜。不到两个月，西瓜生出来，一日比一日大，等到快好吃时，猴子来偷西瓜吃，一个个大西瓜少掉了。

这日晚上，阿大学着阿二的做法，拿一面铜锣一只麻袋，来到西瓜地中央，钻进麻袋。半夜里，一大群猴子来到西瓜地，看见这只麻袋，猴王就指挥猴子们把这只麻袋抬回山洞去。把大西瓜放在洞口的大石头上。

猴王讲："上次上当，金银财宝被骗去。今朝我们要给他吃苦头，大家来把他推下山。"猴子们嘴里喊着"一二三"就把这只麻袋推落去，阿大就这样被摔死了。

讲述人：陈云根 男 1935年1月生 四岭村沙塘人

讲述地点：四岭村沙塘

记录时间：1987年9月

分牛

从前，一户佃农，家里的老人家养了三个儿子，一份人家过得平平安安，吃穿不愁。三个儿子大起来了，老人家也开始老起来了。

一日，老人家觉得自家一日不如一日，要安排后事了。这日早上，老人家叫放牛阿根过来问："阿根，牛棚里有几头牛？"阿根对老人家讲："一共十七头牛，有老牛、黄牛、水牛、小牛。"老人家讲："阿根侬去吧，我晓得了。"

老人家睡在床上，叫大儿子进来，老人家讲："大儿子，侬做得苦，贡献最大，家里有牛，分给你二分之一。"大儿子听完，走出房间。

二儿子来到老人家床旁，老人家讲："二儿子也不好吃亏，牛棚里有十七头牛，分给你三分之一。"二儿子听完也走出房间。

小儿子也被叫到老人家床前，老人家讲："侬小，虽然不到十八岁，我还是要分东西给你的。牛棚里有十七头牛，分给你九分之一吧。"

一个月后，老人家瓜熟蒂落，回去了。三兄弟自立门户，开始三三开分家。家里地里东西三股开，蛮好分，几日功夫就分好了。就是这十七头牛难分。老大拉八头牛，他自家不肯，拉九头，老二老小不肯，还有半头如何分呢？老二拉五头牛有多，拉六头牛不够。老小讲：“不管什么，两头牛我一定要的。”

连着一个礼拜分不好。一日早上，放牛阿根对三兄弟讲：“如果十七头牛分不好，我给你们分，我把家里的一头牛送给你们分怎么样？”三兄弟听后，都摇摇头讲：“你给我们放牛，还要送一头牛给我们，使不得，使不得。”可是，三兄弟再也没有什么好办法来分牛，也只能让阿根分分看。

阿根到自家牛棚里拉了一头牛，牵到东家牛棚里，叫老大过来讲：“我牵来一头牛给你们三兄弟分，现在，你们家十七头牛加上我牵来一头牛，总共十八头

牛，你老大分二分之一，刚好可分九头牛。”老大拉起九头牛走了，老大高兴极了，多分了半头牛。老二过来了，阿根讲：“老二分三分之一牛，你们十七头加上我家一头，共十八头，你老二可分六头牛。”老二也高兴地走了，心里想，自家交运，阿根吃亏，真不好意思。老小过来了，阿根讲：“老大、老二分了牛，高高兴兴走了，也不好吃亏侬，你们家总共十七头牛加我家一头，刚好十八头，你老小得九分之一，刚好两头牛。”老小也高高兴兴拉了两头牛走了。

三兄弟分得自己的牛后，牛棚里还存下一头，原来就是阿根的。阿根帮助三兄弟分好牛，牵着自家的一头牛，也回家了。

讲述人： 白荣贵 1957年生 四岭村沙塘人

讲述地点： 四岭村沙塘

记录时间： 1997年7月

一只虱子百亩地

树大分叉，儿大分家。这句老古话老听，老人会讲，妇女会唱，小人会背。蛮早蛮早辰光，双溪有户人家，有两个兄弟，阿哥叫阿山，毛二十岁，刚讨了老婆。阿弟叫阿水，只有九岁。两兄弟无爹无娘，相依为命，现在阿弟阿水还是小人，却要分家，分家了叫阿水奈格生活?

阿山与阿水兄弟手足情，阿山本想等到阿水成家，再跟伊分家，让伊立业，也好对得起九泉之下双亲。阿山由于讨了老婆之后，老婆总是吵分家，早上敲锅盖，中午甩碗盏，夜到扯床单，吵得十日半月，阿山气得七窍生烟，神经兮兮。没法子，叹了长长一口气“分家”。

这天早上，兄弟俩吃好早饭，阿山对阿水讲：“弟弟，我讨了老婆，只有跟侬大嫂一起吃，一起做，一起睡，只好跟侬分家。”阿水讲：“哥哥侬讲分家就分家，听侬。”阿水毕竟小鬼头不懂事，奈格叫分家？今后日脚奈格过？阿水肯定不清爽。

要分家，呒不啥东西可分。屋里只有一头水牯牛。以前，阿水放牛，阿山耕田攒点工钿过日脚。一只牛奈格分哩？总不能拉开一个人半只。

阿山跟阿水讲："弟弟，分家分家就是分一头牛，我拉牛头，侬拉牛尾巴，牛跟啥人走就归啥人。"阿水讲："哥哥，我听侬。"

下午，阿山从牛棚牵来一头牛，牵到门口道地里。阿水从家里走出来，一把拉住牛尾巴，整个人都吊在牛尾巴上，阿水讲："哥哥，开始分家吧。"阿山牵着牛头走，牛跟着阿山走，阿水拖着牛尾巴，七拖八拉，阿水双手捏牢，牛尾巴最后还是滑脱，翻开一双小手一看，手心里有一只虱子。阿水就到灶窝里寻到一只洋火壳，把虱子放在洋火壳里。

第二天，阿水拿着洋火壳，高高兴兴去泮板桥外婆家去嬉嬉。一到外婆家就喊："外婆、外婆，我分家，我分家。"外婆从家里跑出来问阿水："阿水，侬奈格分家？"阿水马上拿出洋火壳，拉开盒子讲："我分到了一只虱子。"外婆摇摇头讲："侬格个木大小鬼。"

阿水拿着装有虱子的洋火壳，在家沿里搞白相，把虱子放在石板上晒太阳，七晒八晒，一只大雄鸡跑过来一啄，把虱子吞下鸡肚里。阿水赖在地上，哭作拉污不肯息。外婆跑出来对阿水讲："小外甥罪过，不要哭了，外婆家这只大雄鸡赔给侬。"

外婆抓了一把谷把大雄鸡骗到家里，关起门来，扣牢这只大雄鸡赔给阿水外甥。阿水抱着大雄鸡要想跑回家，走到外婆家围墙大门时，外婆家的大黄狗"汪汪"一叫，吓得阿水拔脚就跑，阿水越跑得快，大黄狗三下五去二一口就咬死大雄鸡。阿水又哭作拉污跑回外婆家，一看大雄鸡已被大黄狗咬死躺在道地上，就双脚双手霍天霍地。外婆劝阿水讲：“阿水乖，勿要哭，外婆家这只大黄狗赔给侬。”

阿水牵着大黄狗，朝回双溪的塘塍上走，刚走到感塘大溪塘塍上面时，只见塘塍口有几个撑白排的筏工在休息。筏工看见一个小鬼头，拉着一只跟伊差不多高的大黄狗，就对阿水讲：“小鬼，侬这只大黄狗，侬拉伊走，尬木，侬要骑在伊背上叫伊驮。”阿水讲：“侬木大，这只狗是我分家分来哩。”“分家分只狗有啥用哩？会耕田就好哩，会耕田的话，我们排上一袋米就归侬。”阿水讲：“会耕田，你们大人讲话要算数，赖赖是小狗。”

刚好塘塍外的田畈里有一把犁头。阿水把大黄狗牵到田畈里，套上犁肩套，从裤袋摸出一只饭团子，向前头扔过去。大黄狗已经饿了半天，肚皮已经饿煞快，一见前面有个饭团子，不顾肩上的套子，拼死向前冲去，犁也跟着犁起田来，撑排人一看见大黄狗犁起田来，只好将一袋米送给了阿水。

阿水把一袋米放在大黄狗的背上，驮着回双溪。阿水把一袋米放在自己竹床当枕头，用破棉被盖着。便牵着大黄狗在双溪街上嬉来嬉去。

街上，阿水看见好几个光头，穿着黄衣裳的人跑来跑去，这爿店走走，那爿铺问问。阿水牵着大黄狗去凑热闹，听听啥事体？原来是径山寺上面的小和尚在街上想买白米，整个街上寻到边也没有白米买。已经到下午三点多，据说寺里要用，京城来客人，夜到要吃。阿水对和尚讲："白米我有，这是我分家得来的，我勿卖。"几个和尚一听这个小鬼头有白米喜出望外，激动死了，就对阿水讲："卖给我们，要多少铜钿侬讲好来。"阿水讲："我讲过，勿卖就是勿卖。"这辰光走过来一个当官样子的人对阿水讲："侬这袋米，勿卖也得卖，今朝径山上有皇帝来，否则犯有欺上之罪，要杀头。"阿水听到要杀头，就抱着大黄狗吱咕吱咕哭起来，嘴里还念叨着什么。那个当官的人问旁边的人："这个小鬼头在讲啥？"这个旁边人走到阿水旁听一下阿水哭啼声后，对当官人讲："伊好像在叫一百亩地。"那个当官人讲："好，一百亩地就一百亩地，赶快把米送上山。"

阿水把一袋米给了径山和尚，果然当地县衙划拨给阿水一百亩地。从此，阿水的哥哥阿山给弟弟阿水做长工耕地。

讲述人：王月娟 女 1962年8月生 四岭村沙塘人
讲述地点：四岭村沙塘
记录时间：2007年8月

半个状元

很早以前，双溪村社洽这个地方曾经造过一个蛮大的状元府，说是这里出过状元，不过大家都讲是出了半个状元。为啥叫半个状元呢？事情是这样的：

当年，社洽这个村庄住着好多人家，出了莫佬佬官，有文官，也有武将，村口有一座牌坊，蛮高大，石头做的，雕龙刻凤。这个村庄有个好风气，家家小孩都读书，大人重视小孩读书会出山，年年有小孩出山。今年张家小孩考上秀才，明年李家小孩中了举人，后年王家小孩又上了探花。

村里有个张大嫂，命苦，结婚三

年，老公就生病死了，张大嫂去领了一个小孩。从此，与领养的儿子相依为命，苦日脚一日日过下去。张大嫂是一位刚强的女性，一心盼望儿子早日长大，出人头地，她起早摸黑做，空肚带病做，低三下四做，只有一个心愿，攒钱来给儿子读书。儿子也蛮争气，一年考一个档次，考上秀才，又考上举人，再考状元，后来果然金榜题名，中了状元。

儿子中状元，京城就拨蛮多金银财宝下来，在社洽这地方造状元府，状元府造了一大半时，状元儿子从京城回来的半路里生病死了。

正在造的状元牌坊，造不下去了，后来只好改成了“慈母牌坊”。

这就是半个状元的由来。

讲述人：陈云根　男　1935年1月生　四岭村沙塘

讲述地点：四岭村沙塘

记录时间：1986年5月

田螺姑娘

很久很久以前，天宫里有位田螺姑娘，她已经修行一千多年，再过几百年就可以成仙了。可是田螺姑娘很厌烦天宫里的无聊生活，常常到王母娘娘面前吵闹，要想到人间去走走。王母娘娘对田螺姑娘讲：“人间几个月不下雨，干旱严重，凡人饥寒交迫，一片哭声，烦都烦死了，到人间去做啥？”

田螺姑娘心意已定，第二日一早就要下凡，王母娘娘只好指令雷公下雨，让田螺姑娘顺顺当当到人间。

田螺姑娘来到人间，起初感觉不错，河有水，沟有水，田有水。再过十余天，田里没有水

了，沟也干了，河床也朝天了。田螺姑娘就到处乱爬，一爬两爬爬到了一条大道上。行人走过来，你一脚踢过去，伊一脚踢过来。太阳又猛，晒得田螺姑娘实在喘不过气来。

一连几日，田螺姑娘在大道上被行人踢来踢去。田螺姑娘的嘴边老早被踢破了，想想有些后悔，不过事到如今，也已经来不及了。

这天，田螺姑娘头顶烈日，快要奄奄一息的时候，有位农民从田间回来，路过此地，看见一颗破嘴田螺躺在路中，就弯下腰，双手拣起田螺，捧着回家，放在灶头旁的水缸里。

这位农民叫阿土，从小没爹没娘，孤苦伶仃，举目无亲，三十出头，光棍一条，住着两间破草棚，一间做房间，一间做灶间。前段辰光天气干热，田间禾苗都要枯死了，阿土就起早摸黑车水挑水救庄稼。回到了家已经筋疲力尽，吃了几口冷饭头就睏在竹床上睏熟了。

第二日天蒙蒙亮，阿土又起床出门去车水挑水浇禾苗。中午回到家，只见阶沿上晒着自己的衣裤，阿土想，早上自家又没有汏衣裳，啥人汏的。当阿土跨进家门，一股香气扑鼻而来，是饭熟的香气，是啥人帮我烧饭呢？

阿土到房间看看，没有人，房前屋后看看，还是没有人，周围方圆四五里没有人家，这是怎么回事？这时候阿土肚子饿了，就管自己盛起饭吃了起来，吃着香喷喷的米饭，阿土感到多少惬意。

第二日中午，阿土干活回来，又看见屋檐下晒着衣裤，锅里烧着香喷喷的饭菜。这是啥人帮我汏衣烧饭的呢？家里只有阿土一个人，另外还有水缸里一颗田螺，其他也没有会动的东西了。

第三日，阿土照常出门做生活去，过一歇功夫，阿土就偷偷跑回家，藏在屋后，挖了一个墙洞，刚好能看到灶头的地方。阿土就朝墙洞里看，只见灶头旁有一位蛮漂亮的姑娘在烧饭做菜。阿土看了出神，这位姑娘怎么会帮自家做饭呢？阿土看着看着，一激动，喉咙里发出了声音，只听见“扑通”一声，那姑娘不见了。

阿土东找西寻，也不见人影。阿土想，刚才有落水声音，他就朝水缸看，水缸底里只有一颗田螺，没有其他什么东西。

第四日，阿土出去半路，就回家想看个究竟，这姑娘到底是啥人？当阿土看见家里烟囱冒烟时，就径直奔回家中，正好看见那位烧饭姑娘急急忙忙跳入水缸，阿土急忙伸出双手往水缸里捞，捞了一会，什么也没有捞到，水缸中只有一颗田螺。

第五日，阿土出去做生活，回来比前几次还早，刚要到家时，只见有位姑娘在门口晾衣裤。阿土就轻手轻脚从后门进去，马上把水缸里的田螺壳拾起来放在衣袋里，然后再绕到大门口。姑娘一看有人，就匆匆忙忙跑到水缸旁站住了，姑娘知道水缸里的田螺壳已在阿土袋里，她已经回不去了，只好留了下来。

就这样，田螺姑娘与阿土做了夫妻，他们男耕女织，养儿育女，过着美满的生活。

讲述人：洪桂凤 女 1933年11月生 四岭村沙塘人
讲述地点：四岭村沙塘
记录时间：1986年5月

天财地财

很久以前，径山脚下有一不知名的小村庄，村里有个人叫李春山。李春山小辰光，村里来过一个云游和尚，那个和尚云游四方，四海为家，谁知他一见李春山，竟在李家住了下来，每天抱着李春山上南落北，不知做些什么。和尚在李家住了7天，临走时对李春山的父母说："你们的儿子福气很好，到了35岁那年会得一笔天财，从此荣华富贵，吃穿不愁。"说完，那和尚告别了李家，又云游四方去了。

李春山20岁那年，父母先后病故，临死前把当年和尚说过的话告诉他，说他到了35岁那年一定会得一笔天财。

时间过得很快，这一年，李春山35岁了，家里还是父母去世前的那副老样子，虽然老婆讨进了，办喜酒的钞票却还是靠隔壁的大伯帮忙垫出的。好不容易熬到了35岁，看样子自己快要发了，李春山很是高兴。

这一天，李春山到山坡上开荒，想种些番薯，掘着掘着，突然掘到了一只甏，那只甏有个盖头盖住的，他就把盖头掀了起来，一看，甏里金光灿烂，整整一甏金条。李春山看呆了，心想这下我可发大财了，可又一想，不对，和尚说我要得天财，天财天财么，总应该从天上落来，可眼前这横财却是从地上来的，这明明是地财，看样子不是我的。不是我的，我坚决不要。于是，他重新把甏盖盖好，重新埋在地里，管自己回家了。

当天晚上，睡在床上没事情做，李春山就把白天掘地掘出一甏金条的事告诉了他老婆。老婆一听，急了，当即骂他："你呀，真是呆头！送给你的旺财都不要，天底下还有比你呆的人吗？"

李春山哈哈一笑，对他老婆说："你懂个啥，和尚说过我要得的是天财，而白天那甏金条明明是地财，地财不是我得的，不是我的我就不要。"

听他说完，他老婆是又气又恨："你呀，真是天下世界少有的呆大！"

李春山又是哈哈一笑："呆有啥不好，老古话'呆有呆福'，你看好，你老公我就要有天财从上面落下来了。"

他老婆气死了，嘴巴里"哼"了一声，屁股一转，朝里床壁自顾自睡觉，再也不去理这个呆大老公了。

说来也巧，这里俩夫妻在说话，隔壁有个二流子，日里钞票输光了，夜里在床上翻来翻去睡不着。说来也巧，他们两家相隔的板壁并不厚，再加上夜深人静，隔壁头两夫妻讲的话这里的二流子听得一清二楚。当他听到李春山说掘到一只甏里面有一甏的金条，这个二流子越发睡不着了，当即背了把铁耙出了门，来到李春山说的地方，借着月光掘了起来。七掘八掘，果然掘出了一只甏。二流子十分激动，赶紧把铁耙一丢，跑了过去，借着月光打开甏盖，一看，他那三魂丢了两魂，里面哪里来的金条，原来是整整一甏赤链蛇，一条条都冲着他吐舌头呢。

二流子吓坏了，本想把甏丢了就走人。可心里想想却有点气不过，好你个李春山，你们俩夫妻吃得呒没事情做，乱嚼舌头，把毒蛇都说成是金条，害得我半夜三更起来吃苦头！不行，我得让你也吃点苦头，就是吃不到苦头，那怕吓吓你也是好的。于是，他打定主意，重新把甏盖盖好，抱着那只甏就回家了。他要把这一甏的毒蛇倒到李春山他们屋里去，让他们第二天早晨起来吓一跳。

到了家里，他背了部梯子，轻手轻脚抱着那只甏，爬到李春山家的屋顶上，估计爬到了差不多是李春山的床顶上方时，他悄悄地揭开了几张瓦片，将那一甏的毒蛇全都往屋里倒去。只听得“嚓唧唧”的响声，李春山被惊醒了，当即便推推老婆，喊道：“快起来快起来，天财来了。”

他老婆正睡得香，被他一吵醒，便骂道：“你做啥个夜梦，想‘天财’想疯了吧，人家睡觉都不让人家睡个安耽。”

李春山接着说：“真的是‘天财’来了，快起来，快点灯！”

他老婆无奈地爬了起来，擦擦眼睛，将信将疑地起身点上了一只油灯，不由大叫起来：“天呀，天上落金条了，真是得天财了呀！”

屋顶上的那个二流子听了一惊，明明是毒蛇，她却为何说是“金条”呀？他弄不懂了，闷闷不乐地拿着那只甏回家。跑到家门口，进屋时不知怎地绊了一下，当即“碰”地一声摔了出去，手中的甏摔得粉碎，那碎片有一片还扎进了他的大腿里，一时间鲜血直流。说来也怪，从那摔破的甏里竟掉出了一根黄澄澄的金条。

天呀，真是金条！

二流子这才明白过来，原来不是我得的东西，金条也会变成毒蛇。应该是他得的东西，毒蛇也会变成金条呀。

二流子后悔极了，再一想，还好，好歹还有一根金条，总算没有白辛苦。

可哪里晓得，天一亮，他那大腿上扎破的地方越来越痛，只有去看医生。家里没有钱，没办法，他只好把金条卖了，换成钱去请医生来看病。说来也奇怪，他那创口并不大，可就是看来看去看不好，本地的外科郎中一个也没有办法，只好到余杭县城里去看。整个余杭城的郎中都看遍了，创口还是老样子。没办法，他一直从径山看到余杭，又从余杭看到了杭州，创口还是老样子。一连看了几个月，那根金条换来的钱正好全部用光，嗳，奇怪，那创口突然之间也就好了。

二流子不由长叹一声："唉，这真不是我应该得的财！"

讲述人： 洪慕尧　男　1907年生　麻车头村长西人

讲述地点： 麻车头长西

记录时间： 1986年9月

神算金小毛

双溪有个民谣："上有元宝岭，下有井界岭，中间有个陆家井，井里埋着七缸金七缸银。"提起七缸金七缸银的来历，大家就要说神算金小毛的故事了。

很早很早以前，双溪有个金小毛，是个卖梨膏糖的，每日起早出去鸡毛换糖，摸黑回家。家中有个漂亮老婆，真叫金小毛开心得意。他不管出去走多少路，总是连夜赶回家睡觉。

金小毛老婆叫阿花，虽然讲生得漂亮，却是个偷吃懒做的婆娘。这日，金小毛摸黑回到家，正想睡觉，阿花对老公讲："小毛，我们家里一只鸡被别人家偷去了。"小毛讲："偷去了就偷去了。"说着管自己呼噜呼噜睡着了。

第二日，金小毛又出去卖梨膏糖了，夜里回家睡觉时，阿花说，家里一只鸭被别人家偷去了，金小毛有气无力地对阿花讲："偷去又不会回来的，算了。"迷迷糊糊像死猪一样睡着了。

第三日，金小毛又去鸡毛换糖了，夜里回家睡觉时，阿花对小毛讲："老公，家里一只鹅不知道跑到哪里去

了？”金小毛气呼呼回答道：“跑掉就跑掉。”侧着身又睡着了。

早上，金小毛挑着货郎担对阿花讲：“我要出去三四日，你自家照顾好自家。”便摇着拨郎鼓出去了。其实，当天金小毛没有出远门，而是偷偷躲在自家后门的竹园地里，他要好好观察观察，家里的鸡鸭鹅究竟是被啥人偷吃掉的？金小毛想过，邻舍隔壁、村坊弄堂从来没有丢鸡少鸭的情况，村风民风都蛮好，今朝一定要弄清爽。

快到中午，只见老婆阿花从自家羊棚里拉出一只羊，杀了起来，摊好毛，就放在锅里烧。金小毛看得清清楚楚，闻了一肚羊骚气，拔腿就走，没有回家。

过了两三日，金小毛回到家。老婆阿花对金小毛讲：“小毛，家里的一只羊不见了，不知是被人家偷去的呢？还是被狼叼走的？”金小毛讲：“阿花，我这次出去，没有去鸡毛换糖，而是去学算功，家里被别人家偷去介许多鸡鸭鹅羊，我想算算看，到底是啥人偷的，阿花你讲好不好？”阿花赶忙讲：“好好。”

金小毛一边嘴巴念着，一边掰手指头讲：“阿花我已经算到了，我们家后门头菜园里的桃子树下底埋着一大堆鸡毛、鸭毛、鹅毛、羊毛，这贼骨头远在天边，近在眼前。”

阿花听金小毛这么一讲，便呜哩呜哩哭起来，从房间里拿了几件衣服，打了个布包，匆匆跑出家门回娘家去了。金小毛一看阿花回家，就在后面追。金小毛想，介漂亮的老婆跑掉也不是好事体，毕竟夫妻一场，一夜夫妻百日恩，再讲，阿花又不是偷别人家东西，拿自已家里的东西也不好算偷的，是不是？

阿花前面哭着跑，金小毛后面喊着追。不到一个时辰，两夫妻一跑一追已经来到漕桥阿花娘家。村口看见阿花阿弟在耕田，阿花就跟阿弟讲：“弟弟，你姐夫不是人，讲我。”阿弟对阿花讲：“阿姐，青天白日下底，讲起来难听，到家里讲吧。”阿花就跟阿弟一道到娘家去了。

金小毛站在田畈，心想阿花不晓得告状告到啥程度，如果舅佬真的发火，打自己一顿，在这里也没有法子的。这时候，他心里一个咯登，忽然想出了一个办法来。金小毛把舅佬耕田的牛牵到村尾池塘边竹蓬里，又把犁耙背到水沟里藏了起来。

过了一会儿，阿花跟阿弟来了。舅佬刚要破口大骂姐夫，却发觉牛不见了，急忙问：“姐夫，我的牛哩？”金小毛摇摇头。舅佬急煞了，这牛是东家的，没有了还了得。阿花也急了起来连忙说：“都是我不好。”舅佬气恼地讲：“好了，好了，两夫妻吵架穷开心，害了我牛都不见了。”这时，站在一旁的阿花突然想了起来，忙指着小毛对弟弟说：“弟弟不要急，你姐夫刚到外面学了一套算功，蛮灵的，叫他算算看。”弟弟一听，高兴极了，连忙催着姐夫帮忙算算看。

金小毛故意说：“我刚学了点皮毛，犁耙算算还比较容易，牛的分量重算起来蛮吃力的。”阿花讲：“小毛侬算算看，快点快点。”舅佬也在边上说好话，恳求姐夫帮帮忙。

金小毛故意装腔，手指一掰，口里一念，开口讲：“犁耙在水沟里。”舅佬果然从水沟里找着犁耙，背了回来，又对金小毛讲：“姐夫快算算，我的牛在哪里？”金小毛讲：“不要急，我正在慢慢算哩。”过了一息，金小毛对舅佬讲：“我算出来了，还好，还好，你的牛在村尾池塘竹蓬里。”舅佬二步三脚跑到池塘边，果然就把牛找了回来。这样一来，金小毛阿花两夫妻的风波也平息了。

几个月后的一天，双溪街上贴出了一张皇榜，说是皇帝的一枚皇印不见，通告天下人帮助寻找，啥人找到皇印，将大大奖赏。去街上买菜的阿花看见皇榜，就揭了下来拿回家，给金小毛看，叫老公算一算，找到皇印就可以发大财了。

金小毛一看皇榜，吓了一大跳，马上瘫倒在地上，哎哟哟，我金小毛哪有什么算功？这可是要杀头的呀。未等金小毛醒转，衙役已经敲锣打鼓，抬着披红结彩的大轿来接金小毛了。金小毛糊里糊涂被衙役抬上轿，十万火急送进了京城皇宫。

原来，皇帝因为宠爱小老婆，气死了大老婆。大老婆就把皇印偷来，用金线吊着偷偷地放在后花园的八角井下面。

再讲金小毛被请到皇宫里，皇帝对金小毛讲：“快快找到皇印，大大奖赏。”金小毛没有办法，只好禀告皇帝：“小人一定在十五天内找到。”

金小毛悔恨自己不该用假算功骗老婆，事到如今，也没有别的办法了，伸头一刀，缩头一刀，先在皇宫里好好享受十五天荣华富贵，死了也值得。

不过，金小毛毕竟心事重重，吃不香，睡不甜，坐不安，站不稳，每日早上总是来到后花园八角井边，呆估估站立望着井里的水，心里算着，十五日一到就跳进井里算了。一日，二日，三日，到了第十四日。

第十四日早上，皇帝大老婆来到八角井旁，不知不觉就对金小毛讲：“神算大师，这皇印是我用金丝线吊着放在井里的，请你不要道破是我做的。”金小毛一听，开心呵，给自己瞎撞死撞撞到了，连忙说：“娘娘放心，我只算皇印在什么地方，不算是谁偷的。”

第十五日早上，皇帝来找金小毛，金小毛带着皇帝来到八角井边上。金小毛用手拉着八角井口的金丝线慢慢往上拉，皇印拉了上来，交给皇帝，皇帝高兴得不得了。

金小毛要回老家双溪去了，皇帝就奖赏他，一马车金银财宝，其中有一件宝物用七层箱子包起来的。皇帝讲：“你算准箱子的东西，就可以把一马车金银财宝和这箱子的东西一道带回家，否则人财两空。”

金小毛“扑通”跪在地上连连叹气道：“金小毛啊金小毛，你今朝要死了！”这时站在一旁的皇帝过来拍拍金小毛的肩膀：“起来，你算对了，这箱子里放着的东西，原来就是一只金小猫。”金小毛糊里糊涂被抬上轿连同一马车金银财宝一起被送到双溪。

从此以后，金小毛再也不敢算了，不过他的后半世，据说还是过得蛮太平的。

讲述者： 赵大陆　男　1943年1月生　双溪村台山人

讲述地点： 双溪村台山

记录时间： 2007年8月

老三斗气写扇面

径山脚下，有个名叫邵家畈的小村庄。这邵家畈不大，总共百来户人家，可就是这样一个小山村，在晚清时却出过一个秀才，名叫陈芬华。由于他在家中排行老三，所以当地百姓大都叫他“陈老三”。

这个陈老三从小就喜欢看书写字，跟随祖父学习书法，写得一手好毛笔字，可也是生不逢时，他考上秀才不久，清朝政府就被推翻了。这陈老三原本还想去考举人，这清朝一灭，他的“举人梦”也同时破灭了。好在他家境不薄，于是，他就在家里看看书写写字，一天一天地过着平淡的日子。

这一年春节，陈老三听人说杭州吴山的庙会很是热闹，他想在家反正也没啥事情，就动身到杭州看庙会扎热闹去了。

到了吴山，果然是热闹非凡，这种庙会与平时陈老三所看到的乡村庙会简直无法相比，卖艺的、烧香的、看热闹的、做小生意的，各式人等川流不息，把个吴山挤得密不透风。陈老三东看看，西看看，一会儿看变把戏，一会儿又看打拳头，越看越开心。

一会儿功夫，陈老三到了山上，见城隍庙门前围着一大堆人，心想又有什么有趣的变把戏的啦，急忙挤进去看热闹。挤进去一看，原来是个写字摊。这写字摊也奇怪，照理写字摊都是代客写书信，可这摊头有点特别，却是铺开了文房四宝，让看热闹的人自己动手写毛笔字，旁边还贴了张说明的告示，说是为庙会凑个热闹，游客有兴致的可在宣纸上写下“吴山庙会”四个大字，写得好的还将免费赠送王星记扇庄的描金扇一把。

虽然有这样的好事，可还是缺少勇夫。四周的人是看的人多写的人少。陈老三心里痒痒的，想上前写几个，可又一想，自己人生地不熟的出啥风头呀，于是便想挤出

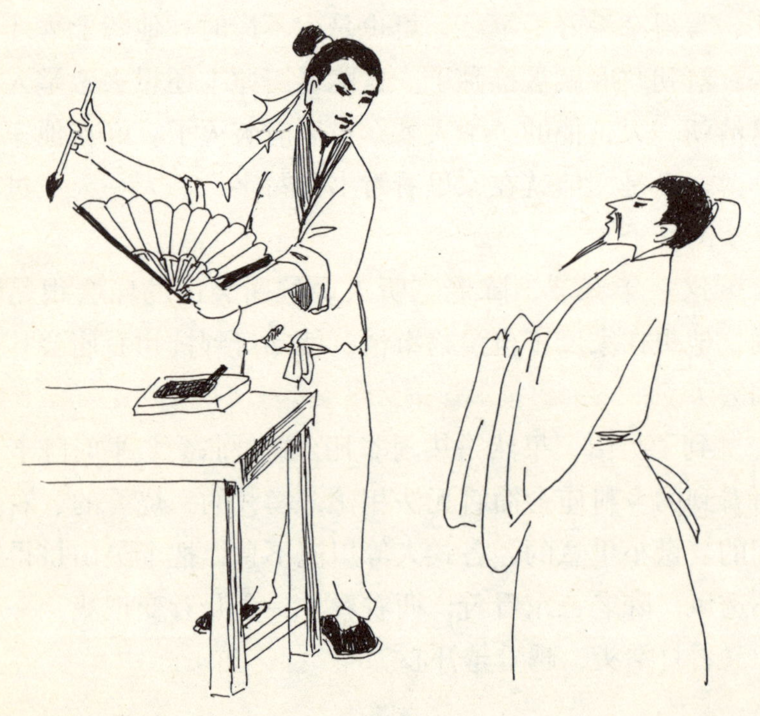

来，正当他要挤出来的时候，突然一个公子哥儿大喝一声："我来写！"陈老三一听，当即好奇地留了下来，要看那公子哥儿写字。

那公子哥儿人长得十分帅气，可谓是一表人才，但写出来的字却令人实在不敢恭维，那"吴山庙会"四个字写得大的大小的小，七倒八歪，围观的人都不买账，纷纷喝起了倒彩。陈老三正好站在那公子哥儿的旁边，他嘴中没说，头却摇了起来。

一阵倒彩喝得那公子哥儿好没面子，他正好瞧见旁边的陈老三在摇头，看他一身打扮，像是个乡下人，估计也不会有啥花头，于是一肚子的火发到了陈老三头上，"你摇啥个头？你有本事你来写写看！"陈老三本不想惹事生非，毕竟杭城这地方他人生地不熟，就谦虚地说："不敢。"可哪里晓得你客气人家当是福气，那公子哥儿还当他真的不会写字怕出丑，就故意大做文章，大声说："不敢还看什么热闹？乡瓜头儿！"

这一下陈老三火起来了："乡瓜头儿怎么啦？乡瓜头儿就不能看热闹啦？好，我就写几个字让你见识一下乡瓜头儿的功夫！"说着当即提笔"刷刷刷"地写下了"吴山庙会"四个大字，这四个字写得龙飞凤舞，一气呵成，看热闹的人当即喝彩声四起。陈老三意犹未尽，又提笔在旁落上了"乡瓜头儿题"的边款，这行小字功夫更是不同凡响，看得那个设摊的主人连声叫好，陈老三刚放下毛笔，那个设摊的主人便递过一把王星记扇庄的描金扇，笑着说：“先生，你可是今天第一个得到奖品的人！”接过扇子，陈老三再想找那公子哥儿，可那公子哥儿早在他写出一手好字时就溜得不见踪影了。

陈老三拿着扇子，非常得意，又去逛城隍庙了。从城隍庙里出来，有两个小伙子突然拦住了他：“先生，你可是刚才那个写字的‘乡瓜头儿’？”陈老三点点头：“是呀，怎么啦？”那两个小伙子满脸堆笑：“我们老板有请！”陈老三大感奇怪：“你们老板？老板是谁？我好像在杭州没熟人呀。”

两个小伙子还是一脸笑容，说：“先生别惊慌，你去了就知道了。”没办法，陈老三只好跟着那两个小伙子走了。

两个小伙子把陈老三带进了吴山脚下一家饭店的包厢里面，里面坐着一个胖胖的中年人，一见陈老三，他当即迎了上去作自我介绍，说自己是王星记扇庄的老板。

原来，这王星记扇庄是个老字号，所生产的描金折扇在江南一带颇具盛名，可是，到了这个胖老板手里，扇庄内能给扇面写字的人显得青黄不接，使得胖老板十分头痛。请社会上的书法家来吧，那酬金比扇子都贵，自己培养吧，又等不及了。怎么办？于是，有人给他出了个主意，说是民间自有不少的书法高手，请民间的书法高手，花钱不会太多。那么如何去发现民间的书法高手呢？那人又让他趁吴山庙会期间，在庙会上摆个写字摊，征集大家写字，想通过这样一个办法来招募民间书法高手，来给扇庄写扇面。胖老板采纳了这个主意，并请出了扇庄写扇面的第一高手亲自坐阵设摊，刚才陈老三几个字一写，设摊的人不由眼睛一亮，顿觉是个人才，于是便派人通知了胖老板。老板当即在吴山脚下的一家饭店里包了一个包厢，专门派两个伙计去请陈老三，许以高薪，请陈老三去扇庄给扇面写字。

原来如此，陈老三得知原因，不由欣喜若狂，想不到这一赌气还赌出了一条生财之道，当即乐呵呵地接受了胖老板的邀请。从此，陈老三每个月去一次杭城，专门去给王星记扇庄写扇面。

久而久之，他挣了一大笔钱，在邵家畈造起了三十六间走马楼。这走马楼，邵家畈年纪大的一辈都有点印象，但是晓得这故事的人却已是不太多了。

讲述人：俞清源　男　1929年7月生　长乐人

讲述地点：长乐村

记录时间：2007年7月

写错两字哭翻天

听老人讲，长乐桥过去有一份人家，姓陈，陈家有个儿子，叫陈阿宝。陈阿宝家里穷，从小没有读过一天书，扁担横在面前也不晓得是个“一”字。不过陈阿宝却特别聪明，俗话说，“不会种田看上埭”，陈阿宝肯学，小小年纪，就跟着村里的人出门，去学做生意了。

陈阿宝父母都是种田的，可偏偏他却不肯种田，老是跟着村里一些在外做生意的人出门。父母老是说他，说什么田庄生活万万年。可陈阿宝听不进去，反而越跑越远，最后竟跟着别人到苏州做茶叶生意去了。

在苏州辛苦了一阵，赚到了一些钞票，陈阿宝干脆盘下了一家店面，专门做茶叶、山货生意，自己做起老板来了。几年下来，陈阿宝有点财大气粗，就风风光光地回来了。回到长乐家中又是造房子，又是讨娘子，从余杭镇上讨来了一房媳妇，闹得风风光光。

结婚之后，刚过了两个月，陈阿宝说：“老古话‘坐吃山空’。日日呆在屋里坐坐吃吃，就是有座金山也会吃空的。”他又要到苏州做生意去了。陈阿宝这人很精明，店里生意很好，他一个人忙不过来，若是聘一个人，还得付工资。于是，他就叫父亲跟他一起到苏州帮忙看店，平时父子俩还好做个伴。就这样，阿宝父子一同出门去苏州，家里就剩下了阿婆和媳妇两个人。

陈阿宝父子到了苏州，生意越做越大，越做越好。偏偏这父子俩都不识字，生意一大，这记账便成了问题。按父亲的意思，去聘一个好点的账房先生。阿宝却认为，好点的账房先生价格太高，还是聘一个稍微识两个字的人算了，价格可以低点。老板是儿子在做，父亲只有听儿子的，于是，陈阿宝聘了个字识得并不多，但有的是力气的年轻人来做账房。阿宝肚里有他的小九九：年轻人，力气好，我聘他是一带两便，既可以让他账房，又可以让他做伙计。

时间过得很快，眼看就要过年了，出门前，阿宝交待过母亲和妻子，说是到年底回家过年。可越是到年底，生意越是兴隆，父子俩人对到手的钞票不赚都有点不太甘心，就让账房给家里写封信，告诉家里，年底不回家了，到正月里再回家。信写好后就托一个同乡带了回去。

再说家里的阿婆媳妇，两个人全都一个劲地盼自家的丈夫好回来过年，哪里晓得人没有盼到，却盼回来一封信。这阿婆媳妇两个人全都一字不识，不晓得这信里面到底写了些什么。没办法，婆媳俩便一起拿着那封信到长乐街上，寻着了一位测字先生，请他帮忙看看信。

测字先生把信打开一看，只见上面写道：“今因店中忙，故了一人，不能回家。到来年正月初，材可回家来。”后面还特地具名“账房代写”。测字先生当即就一字一句地读给婆媳两人听，读完之后，测字先生怕这婆媳俩人听不太清爽，特地还一字一句地作了解释。“喏，由于店里忙，加上又死掉了一个人，所以回不来了，要到来年正月里，棺材才可以运回家来。”

这一下如晴天霹雳，一下把婆媳俩人都惊呆了，一时间又不知道到底死掉的是谁的老公，于是俩人全都哭得死去活来。

哭归哭，灵堂总还是要设的。于是婆媳俩人设了灵堂，由于不晓得到底死了谁，所以就做了一个空牌位放在那里。人家家里过年是热热闹闹，可阿宝家里却是天天哭哭啼啼。媳妇的娘屋里晓得了，干脆把媳妇接到娘屋里，过了年再回来。

再说那个和阿宝一同做生意的同乡，过好年，还是正月头上，他就要急急忙忙回苏州了，临走之前到阿宝屋里去看看，问问有什么信要带。可哪里晓得他到了阿宝屋里，家中一个人也没有，大门上着锁，便从门缝中望进去一看。这不看倒还好，一看却看出事情来了，原来那堂屋里设了孝堂，挂了孝帘。那个同乡一看，清清爽爽晓得这一定是屋里死了人。于是调转屁股匆忙赶回苏州，一到苏州就去茶叶店里找阿宝。阿宝正在八仙桌前搁起了二郎腿吃“元宝茶”，那同乡一见他就大叫：“不好了，不好了，阿宝，你们屋里死人了。”

陈阿宝当即跳了起来：“死人？死了个谁？”

同乡说，“死了个谁我也不清爽，我去时你们屋里一个人也没有，大门锁得好好的，我是从门缝中望进去的，发现里厢设了灵堂，挂了孝帘……”

听到这里，阿宝不由失声痛哭。家里俩个人，一个是母亲，一个是妻子，谁也死不得呀。阿宝的父亲正在里屋烧饭，闻声也赶了出来，得知原委，父子俩不由抱在一起痛哭起来。

第二天，父子俩便把茶叶店托付给那个账房照看，一个老早坐客船往家里赶。

父子俩坐船到了杭州，又从杭州走到余杭，父亲实在走不动了，就对儿子说：“阿宝呀，我实在走不动了，我先到你丈人屋里过一夜，明朝再回来，你先回去通报个信。”阿宝点点头，就在余杭分了手。

阿宝心急慌忙地往家里赶，脚上走起了泡也顾不上痛了。好不容易到了家，一进门发现自己的娘正在堂前坐着，那还用说，一定是自己的妻子死了呀。于是，他当即大叫一声，哭倒在灵堂前面。

阿宝的母亲看见儿子一到家就在灵堂前痛哭，而自己的老公却没有回来，当即也就明白了，一定是自己的老公死了，一时也跪在地上，哭得个死去活来。

再讲阿宝他的父亲，一踏进亲家公屋里，就看见自己的儿媳妇正在门口扫地，顿时觉得死的一定是自己老婆，上前一把拉住媳妇的手就痛哭起来，媳妇一见只来了公爹，未见自己的丈夫，当场也大哭起来。

余杭的阿公和媳妇在哭，长乐的娘和儿子也在哭，全都哭得昏天黑地，好不容易停了下来，才开始打听情况。这一说，大家都知道原来一个人都没有死。

第二天，阿宝和他父亲拿着那封信，到长乐街上要去找那个测字先生评道理。测字先生呆掉了：“什么，一个人都没有死？那信上明明白白写着‘故了一人’呀。”

原来，那个新聘的账房先生只读过两年书，识字不多，那个“雇”了一个人的“雇”字写不出，写了一个“故”字。“才”可回家来的“才”字又错写成了“材”字，所以测字先生一看，误以为他们死了人。

事情弄清爽了，父亲不停地责怪儿子：“都是你想省钞票，这下好，连老头子这条老命都差点报销掉了。”

阿宝什么话也没说，到这辰光，说什么话也没用了。回到苏州，阿宝当即就把那个账房回报掉了，重新高薪聘请了一位账房先生。从那时候起，阿宝一有空就请那个账房先生教他识字了。

讲述人：洪慕尧 男 1907年生 麻车头村长西人

讲述地点：麻车头村长西

记录时间：1986年9月

一只皮靴做媒

阿山8岁死爹，9岁死娘，孤苦伶仃，全靠姑姑照顾。阿山已经二十七八岁了，还是光棍一条。姑姑心里总是一块石头不着地，担心侄儿阿山太笨，连个对象也找不着。

这天，姑姑急匆匆来到阿山家，从口袋里摸出两张戏票交给阿山，对他说："阿山啊，姑姑为侬的婚事，睡不熟吃不香，东托人西托人，总算物色到一个大姑娘，我已经与大姑娘讲好了，今朝夜里早点去看戏文，侬买点瓜子糖果给她吃，第一印象蛮要紧的，记住！"

夜快边，阿山早早吃过夜饭，头发抹点菜油，油光煞亮，急匆匆赶到戏场，在戏场旁边的小店里买了一瓶三两的二锅头和一袋花生米。这时，姑姑带了一位漂漂亮亮的大姑娘来到阿山面前，姑姑把大姑娘交给阿山后就走了。阿山与大姑娘进了戏场，寻到位置，坐下看戏文。

阿山一边看戏文，一边打开二锅头喝酒，老早忘记了姑姑交待的话，既没有买点对象要吃的东西，也没有和对象聊天，戏看到一半，对象不声不响走掉了。

姑姑事后晓得格个情况后，气急败坏，劈头劈脑，破口大骂阿山一顿："阿山啊阿山，脑子不灵清，好不容易碰到一个姑娘。你却木痴木壳不当一回事体，从此以后，你找对象的事姑姑再也不插手了。”说罢，“噔噔”走出门。

阿山气呀，对象不着落，又被姑姑一顿臭骂，心里窝囊死了，睡在床上，翻来翻去睡不着，等一觉醒转已是第二日夜快边。阿三起床，毫无目标走出村口，什么对象不对象，还是看戏去。看戏看戏，一看看上瘾，阿山日日去看戏文。阿山想，看戏好，说不定碰巧能找上对象。第一日阿山去看戏，旁边坐着两个老头子。第二日去看戏，旁边坐着两个老太婆。第三日去看戏，旁边坐着两个小鬼头。阿山真是一点桃花运都没有。

阿山第九次去看戏，坐在位子上一看，旁边又是两个老太婆，可前排坐着一个大姑娘，阿山很开心。阿山一边看戏文，一边看大姑娘背影，嘴里跟着戏文哼调子。哼着哼着，一股臭气吞进嘴巴里，阿山心里想：我阿山三日不汏浴，身上蛮臭，还有人比我阿山更臭？

阿山朝前一看，前排大姑娘赤着双脚搁在前头靠背上，哦，原来是一双臭脚。这辰光，看着大姑娘的脚，阿山气恼恼的心情马上平息了下来，是伊算了，假如是一个男人家，阿山肯定要发火。

不一会，阿山想出一个恶作剧的点子来。他用双脚偷偷把前座底下的一只皮靴钩了过来。偷偷塞在自己怀里。戏文散场，前排那个姑娘大叫大嚷：“我的鞋子，谁把我的鞋子拿去了？”谁也没有理睬她，阿山也不理睬她，只见她一拐一拐走出戏场。

那个姑娘拐出戏场大门的时候，阿三手提一双新皮靴走了过来，笑嘻嘻地说：“阿妹，侬为啥只穿一只鞋子？”姑娘讲：“看戏辰光，一只靴子被贼骨头偷去了。”阿山装得蛮诚恳的样子说：“阿妹，我今朝给对象买了一双靴子，侬先拿去穿吧。”姑娘不好意思，不过也没有别的办法，连忙说：“谢谢阿哥，谢谢阿哥。”穿上阿山送的靴子高高兴兴回家去了。

第二天，阿山又去看戏文，老早站在戏场门口东张西望，看昨天那个姑娘有没有来？七等八等，戏快开演了也不见姑娘来。

第三天，阿山又老早在戏场门口等那位姑娘，左张右望，突然眼睛一亮，那位姑娘来了。阿山忙迎上去：“你好！”姑娘笑吟吟讲：“你好！看戏去？”阿山讲：“我不去，心情不好。”姑娘问：“做啥？”阿山讲：“与对象吹了，前日我给对象买双靴子，送给你了。结果，对象说我花心。”姑娘很抱歉，不好意思地讲：“真是对不起侬，去看戏文去，散散心，我陪你看。”阿山表面强作不好意思，心里开心得不得了。阿山与姑娘开开心心看了戏文。戏散场后，两人肩并肩走出戏场外面，姑娘想，这个小伙子心地善良，人品不错，就对阿山讲：“为了我，侬吹了对象，真对不起，假如你看得上我，我们谈一谈好不好？”阿山讲：“你介好的姑娘，打灯笼也难找，我不好意思。”姑娘一手拉起阿山的手，两个人边说边笑走在乡间小路上去了。

阿山用心良苦，总算找到了一位漂亮的对象。到了冬天，阿山大摆酒席喜结良缘。结婚这日，阿山与新娘拜过堂后宴请亲朋好友，新郎新娘向长辈敬酒，阿山唯一的长辈就是姑姑。姑姑今朝是最开心的人，侄儿结婚，了结了自家多年的一桩心事，同时又能告慰九泉之下的兄嫂。当新郎新娘敬好姑姑的酒后，姑姑讲：“阿山，你们要好好敬敬你们的媒人，姑姑也要敬敬媒人，为我们做了一桩大好事，带我去见见媒人。”阿山讲：“姑姑，你在这里等，我马上叫媒人来。”

过一息些辰光，阿山来到姑姑面前，手里拿着一只旧靴子，晃了晃，笑嘻嘻地说：“姑姑，这就是媒人。”

讲述人：赵大陆　男　1943年1月　双溪村台山人

讲述地点：双溪村台山

记录时间：2007年8月

轧扁皇帝

自古以来，皇帝莫佬佬，说也说不清楚，讲也讲不清爽，叫也叫不光，最早的皇帝是啥人？大家都说，就是盘古皇帝。

盘古皇帝的第十三代孙子想，大家都晓得盘古皇帝是最早的皇帝，那么盘古皇帝的阿爸是啥人？叫什么皇帝？什么字号？于是，这个第十三代皇帝就下旨张贴皇榜，招示天下，啥人能晓得盘古皇帝的阿爸叫啥名字？称啥皇帝？大大有赏！

径山脚下有个看牛小鬼叫小牛，这辰光刚九岁，他看牛工龄倒已有三年了。一日早上，小牛赶着老牛穿过双溪街上，看见莫佬佬人在看墙上一张纸，白纸黑字密密麻麻。小牛没有读过书，斗大字一个不识。小牛站在牛背脊上看了一会儿，无非是看闹热。只听见有人在讲：“皇榜上问大家晓得不晓得盘古皇帝的阿爸叫啥？啥人晓得，可以撕下皇榜到京城领赏。”站在牛背脊上的小牛心里想：这桩事情好办，我奶奶一定晓得。

小牛跳下牛背脊，把皇榜揭了下来，拿了回家，跟奶奶讲：“奶奶，这张纸侬看看。”小牛的奶奶也不识字。小牛对奶奶讲：“他们说这张纸上写着啥人晓得最早皇帝是啥人？”小牛奶奶讲：“这我晓得，盘古皇帝。”

第二日，官府派人来传讯，要小牛明朝去京城回答皇榜问的问题。这日晚上，小牛怕自己记性不好，叫奶奶用糯米粉做了一只盘起来样子的盘龙，装在一个小篾篮里，一来，皇帝问自己问题时，只要掀开篮盖看看就晓得了。二来，回家路上也可以当饭吃。

半夜三更鸡头遍叫，小牛就起床准备，太阳从东山头升出来时，县衙门差使就抬着轿子来接小牛去京城了。

小牛被抬到县府，换成牛车拉，坐一阵牛车，又乘船，坐了几天几夜船，又改成马车，半个月辰光就到京城，这只小篾篮始终不离小牛身。

到了京城，小牛被带到第十三代皇帝面前。皇帝问：“几岁？”小牛回答：“九岁。”皇帝又问：“侬晓得盘古皇帝的阿爸叫啥名字？”小牛搔搔头皮，忘记了，半日讲不出，哭作拉污，手脚发抖，七抖八抖，把篾篮盖抖脱落，小牛突然眼睛一亮，看见篾篮里糯米做的盘龙，盘龙的尾巴由于一路奔波，早已压扁了。这时小牛随口回答皇帝：“轧扁皇帝。”第十三代皇帝听了小牛的回答，觉得又有趣又好笑，心想天下还没有第二个人晓得盘古皇帝前面的皇帝字号，他倒能说得出，不容易。一高兴便奖赏给小牛九条牛，让他回家了。

讲述人： 赵大陆　男　1943年1月生　双溪村台山人

讲述地点： 双溪村台山

记录地点： 2007年8月

偷白鲞的小孩

老早辰光，有个村坊，村坊上有一份人家，姓石，石头的石字。石姓人家当家人讨了个老婆，生了个儿子，取名叫石盼，盼望今后过上好日脚。好日脚还未开始，倒灶日脚却先碰头，石盼三岁那年，伊爹外出做生意碰到打仗，被飞箭戳死，留下一对孤苦伶仃的母子俩。

寡妇娘把所有的希望都寄托在儿子石盼身上。为了把石盼扶养大，娘吃着猪狗食，穿着百纳衣，干着牛马活，省吃俭用过，含辛茹苦干，就是为了石盼快快长大成才。娘千方百计攒钱买白米给石盼吃，买新布给石盼做新衣穿，晚上还要做马给小石盼骑，总是为了石盼快乐高兴，儿子高兴做娘再苦也乐意。这样一晃就过去了四五年。

那年，石盼八岁，娘出去跟财主人家汰衣裳做佣人，石盼不再跟着娘的屁股头了，可以单独在村坊里与左邻左舍的小鬼头一起搞白相，他们整天捉迷藏、甩三角牌、翘翘板、游水搿鱼摸螺蛳，非常开心。

六月的一日，石盼与同村的小鬼头一道摸螺蛳游水回来，路过村口，看见莫佬佬人围着一堆蛮闹热，石盼也跑过去轧热闹。一看原来大家在买白鲞。石盼就钻进人堆，站在卖鲞人的箩筐旁边。石盼看着一条条白鲞，心里直痒痒。小舌头舔着嘴唇，嘴角流淌着口水，他长得这么大还从未吃过这种白鲞呢。

卖鲞人一边称鲞一边收铜钿，买鲞人在箩筐里翻，在白鲞堆挑。石盼看见大家手里拎着白鲞准备过秤付铜钿，伊自家也拎了一条白鲞钻出人群。石盼伊想，娘又不在场，在场也没铜钿，自家穿着裤叉赤着膊，如果有衣裳倒也可以包着白鲞逃回家，现在手拎着白鲞可怎么办？

石盼来到旁边墙头旁，把白鲞放在背上靠着墙站着。等着卖鲞人挑着箩筐走了，买鲞人都走光了，石盼才抱着白鲞跑回家里，把白鲞拿给娘。娘一见儿子拎着一条白鲞给自家，就问白鲞哪里来的？是人家送的？还是路上捡的？石盼对娘讲，是自家想办法偷来的，就把刚才的事又讲了一遍。娘听后非常开心，喔哟，不得了，我的儿子真聪明，小小年纪就会动

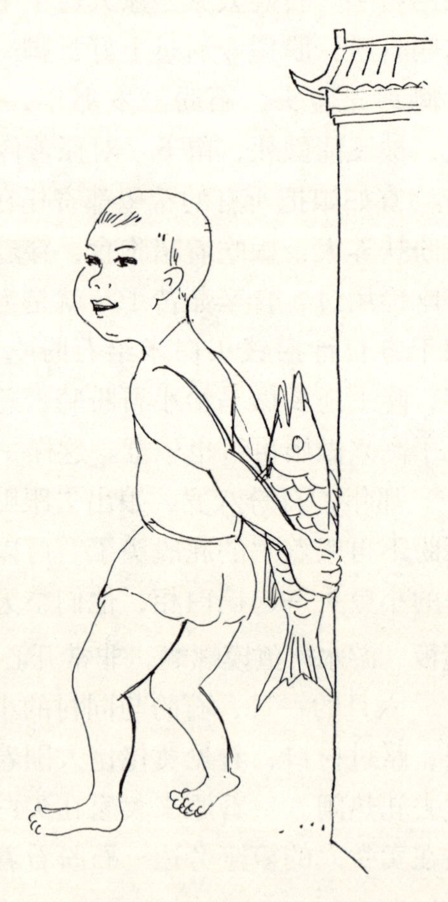

脑筋，想出这么好的办法来。她不但不骂伊，还讲儿子聪明有本事。这天夜饭，母子俩吃上一顿有史以来最味道的一顿夜饭。

第二天，石盼又像前一天一样偷了一条白鲞回来。

第三天，石盼又像前二天一样偷了白鲞，靠在墙边，卖鲞人叫了起来了，讲今朝与前两天一样又少了一条白鲞，被啥人偷去了。卖鲞人看看在场的人已走光，只见一个小鬼穿着短裤赤着膊靠在墙上，就摇摇头走了。

石盼自从偷白鲞开始，胆子越来越大，伊娘也越来越高兴，儿子本事越来越好，自家不再去做佣人卖苦力。可村坊里搞得乌烟瘴气，今朝张家少只鸡，明朝王家丢了羊，后日李家跑了牛。老百姓骂天骂地。石盼伊娘对儿子讲，兔子不吃窝边草，村坊里不要偷了，要偷到外偷，要偷就要偷财主人家，偷大东西好东西，偷金银财宝。十五六岁该到外面闯一闯。

这天夜里天蒙蒙黑，石盼来到邻村坊的大户人家。格份人家房子蛮大，五间四厢走马楼。石盼就在后墙北边挖了一个墙洞，又在南边挖了个墙洞。石盼挖好墙洞后，就钻进去在楼上翻东西。东寻寻，西翻翻，七寻八翻被东家发现了，东家就马上叫人把守大门小门，同时叫人把南边墙洞堵牢。石盼背着一袋值铜钿东西就从北边墙洞钻出逃掉。

石盼这次单独行动虽然成功，但心里还是捏把汗，要是扣牢，肯定被拷死。一个人偷东西太危险，顶好有个伴，叫老娘去总不是办法。

一天夜里，石盼来到一个过山破凉亭里，坐在条凳里打瞌睡，突然来了一个人，这个人鬼鬼祟祟，贼头贼眼一副贼骨头相，石盼一眼看去就晓得是一路货。

石盼对那个人讲："大哥，有票生意小弟原与侬合作好吗？"那个人朝石盼看看，一个十五六岁毛头小鬼，就讲："小弟，做生意有铜钿就好，反正多少对半开。"

一对臭味相投的贼兄弟来到一个集镇的大户人家，两人爬上楼顶，翻开一个瓦片洞，贼兄对石盼讲："小弟，我们一个人弄两箱，一共四箱，侬人小灵光侬下去，等四个箱子都拉上来后，我再把侬拉上来。"石盼讲："大哥，听侬。"贼兄在楼顶拉着大绳索把石盼放下去。石盼在房屋内翻来翻去，先把一箱贵重的金银财宝吊上去，贼兄又把蛮重一箱东西吊了上来后，贼兄毕竟是老贼，挑起两箱东西就走，把石盼放在房屋内不管。

贼兄气急呼噜，挑着两只箱子总算挑到过山凉亭里，便坐下来息息力，嘴里唠叨着："这个小鬼上我老当吃苦头，被扣牢不是被拷死也会被吊死。"格个辰光，一个箱子里，突然站起一个人，把贼兄吓了一跳。格个人就是石盼，石盼与贼兄把一箱东西对半分成就分道扬镳。

一天夜里，落了鹅毛大雪。在屋里烘火堆的石盼贼手又痒起来坐不牢，又想着去偷东西。石盼走了二三十里路也没有目标。走进一个小山村，看见一个牛棚里关着一只牛，就顺手牵牛拉出来往回赶。赶了十来里路时，后头有人追上来。由于落雪地上积雪蛮厚，牛脚印蛮深，牛东家就沿着牛脚印追来。石盼发现有人追来，就拼死赶牛，牛毕竟不是马。老早以前，偷牛是要杀头的，过去牛是价值最大的东西。石盼就一不做，二不休，拔出宝剑一下把追来的人杀死。

犯了人命，官府来人一查，根据雪地上的脚印就查出了案犯，把石盼扣到衙门牢房关起来。

过不了三七二十一天，石盼就被押到刑场杀头。杀头之前，衙差问石盼有啥要求？石盼讲："我只有两个要求，一是想吃一条白鲞，二是想最后见一面亲娘。"不到一个时辰，烧好的白鲞端上来，石盼的娘也来到跟前。石盼看一眼娘，儿大口把一条大白鲞连骨带刺吃落去，然后对娘讲："娘，儿无所求，只想再吃一口娘的奶。"

石盼娘望着既将断头的儿子，抖起衣襟露出胸脯，石盼一口把娘的奶头咬了下来，石盼满口是血的嘴吐出几句话："娘啊娘，儿偷白鲞，侬夸奖，娘掉奶头，儿见阎王。"

讲述人： 陈云根　男　1935年1月生　四岭村沙塘人

讲述地点： 四岭村沙塘

记录时间： 1968年6月

村姑三难唐伯虎

苏州城里，出了个风流才子唐伯虎。这唐伯虎，因科举考试制度充满行私舞弊之风，故对科举不感兴趣，无意仕途，成天与三五好友一起，谈今说古，吟诗作画，并四处游览，放浪于山水之中。

这年夏天，唐伯虎坐船来到杭州，一住就是半个月，把杭州的角角落落都玩了遍，正想返回苏州之时，有朋友向他介绍，说不远的余杭径山，有座径山寺，这寺院建于唐代，很多皇帝都到过，非常值得一去。唐伯虎一向对寺庙十分感兴趣，当即打定主意前往径山一游。第二天，唐伯虎来到了径山，一上山，顿时被径山的秀丽山水所陶醉，他跑进径山寺，参拜了佛祖后喝了和尚泡上来的径山茶，顿觉满口清香，大喊“好茶！”喝完茶，他又一人在山上四处游览。时间到了中午，他感觉肚子里有点饿了，正想找个地方去吃饭。正在这时，他突然看见一个村姑正在山上的溪沟里洗桃子，那桃子一个个白里透红，又大又嫩，直看得他馋得欲滴口水，顿时觉得肚子里也咕咕地叫了起来。于是，他迎着村姑走去，施了一礼，恭恭敬敬地说：“这位大姐，我是苏州唐伯虎，来此地游玩，忘记带干粮了，眼下饥饿难耐，想买大姐几个桃子充饥，不知肯否？”

那正在洗桃子的村姑听了当即抬起头来朝唐伯虎望去，见他一表人才风流倜傥，不由多看了几眼，然后有意和他说笑：“我说这位相公，你要吃我的桃子不难，我也不要你出钱买，只要你先回答我四句话，回答的对了，这篮里的桃子由着你吃；回答的不对嘛，那就不能怪我小气啰。”

唐伯虎一听，不由笑了起来。心想：一个山野村姑，能有什么话题能难倒我这江南才子唐伯虎？于是又露出了风流本性，嘻嘻一笑，两手一拱，用不无滑稽的口吻说：“大姐请了！小生洗耳恭听。”

那村姑也朝唐伯虎笑了一笑，娇滴滴的声音顿时在溪边响起：“我问你：世上什么最深？什么最浅？什么最苦？什么最甜？”唐伯虎一听，呵呵，这些问题太简单了，当即不假思索地应道：“大姐，你这些问题太简单了，怎能难倒堂堂江南才子我唐伯虎呀？我说：大海最深，小碟最浅，黄连最苦，蜜糖最甜。”唐伯虎说完便笑嘻嘻地看着村姑，等着她给桃子吃了。可哪里想到，那村姑却连连摇头，出口讽刺道：“亏你还自称江南才子，四句话居然连一句都没答对。”“啊！”唐伯虎听了颇不服气，当即问那村姑，“你说我四句连一句都没答对？那你倒说说看，这世上什么最深，什么最浅，什么最苦，什么最甜？”

"好，你听着！"村姑当即朗朗上口地说道，"口深无底喉咙深，贪图势利人眼浅；三岁无娘孤儿苦，恩爱夫妻日子甜。"唐伯虎听了村姑这番话，不禁抚掌称绝，甘拜下风，可转而又发起愁来："这么说，我是没口福吃你的桃子了。"

那村姑一听"嘿嘿"地笑了起来，拿起几个又白又嫩又大的桃子，塞在唐伯虎的手里，说："相公，我们山里桃子多的是，你要吃多少都有。不过嘛，以后你可别再拿你那江南才子的帽子来吓人啦！"说完，对着唐伯虎又是嫣然一笑，提着竹篮走了。

唐伯虎吃过桃子，身上顿时又有了力气，又接着在径山一带游玩，不知不觉已到了傍晚时分，于是便到径山脚下的一户农家借宿。当他见到这户农家的女主人时不觉

一愣。原来，这女主人不是别人，正是他在山上遇见的那位洗桃子的村姑。那村姑一见唐伯虎前来借宿，当即显得十分热情，连忙叫来丈夫去杀家中那只仅有的老母鸡，自己则忙着淘米烧饭，准备招待唐伯虎。

不一会，鸡烧好了，村姑又炒了几个山里土菜，那男主人还搬出一坛子用山泉酿制的美酒，和唐伯虎对饮起来。三杯酒下肚，生性风流的唐伯虎便反客为主，像老朋友一样，又开始疯言疯语起来。当村姑给他敬酒的时候，他却摆摆手说了声“慢！”然后摇头晃脑地吟出一首诗来：

竹做栏杆木作墙，
只关猪来不关羊，
三个小子来捉猪，
吓得猪儿乱撞撞。

说完，端起村姑敬的那杯酒，笑着对她说：“大姐，我这首诗说的是一样东西，你若能猜出来，我就把这杯酒喝了；否则嘛，这杯酒只好请大姐你来代饮了！”

那村姑没有直接回答唐伯虎，不慌不忙地说：“唐相公果然是江南大才子，你这首诗原来是个谜语呀，我们径山人叫猜梦子。这样吧，我也来出个谜语请你猜一猜。”说完，她也学着唐伯虎的样子，脱口说出一首诗来：

两支义军七将领，
起义杀敌一股劲。
只要春妮一挥手，

杀败官兵百万人。

唐伯虎绞尽脑汁，怎么也猜不出来。村姑在一旁哧哧发笑，把唐伯虎弄了个大红脸。村姑看着唐伯虎的窘样，吃吃一笑，说：“唐相公，我的谜底也正是你刚才那诗谜的谜底啊！”

唐伯虎细细一想，可不正是，他和村姑说的都是同一个物件儿：算盘！唐伯虎不禁暗暗称奇，真是人不可貌相啊！没想到这山野村姑这么聪明，居然用另一首诗谜把他的谜底给说了出来，只好仰头饮下了手中的那杯酒。

村姑笑咪咪地看着唐伯虎饮下了那杯酒，马上又为他斟上一杯，然后说：“唐相公博学多才，小女子自幼喜欢猜谜，这里还有一首字谜，要请相公费心一猜，以助相公酒兴。”说完便轻启樱口念道：

砍去左边是树，
砍去右边是树，
砍去中间是树，
只有不砍不是树。

唐伯虎苦苦思索，不得要领，却又不肯轻易认输，直急得满脸通红，窘态毕露。最后还是男主人为他解了围，要他老婆不要再难为唐相公了。村姑听丈夫这么一说，也不好使唐伯虎过分地尴尬，于是亮出了谜底：“唐相公真是聪明一世糊涂一时啊，这个字就是‘彬’字啊！”

唐伯虎一听，恍然大悟，不由得更加佩服这位山野村姑。第二天一早，唐伯虎吃过村姑为他熬好的米粥，再三向这对夫妇道谢，并从自己行囊中取出一把折扇，送给了春妮，随后便告辞走了。

唐伯虎走后，春妮展开折扇一看，只见折扇上画着一个古代仕女，衬以江南山水，显得十分精致，当即便将这把折扇细心地收藏起来。

这么多年过去了，听说唐伯虎的这把折扇还在径山，只是不知道在谁家的手里了……

讲述人：赵大陆 男 1943年1月生 双溪村台山人
讲述地点：双溪村台山
记录地点：2007年8月

癞蛤蟆想吃天鹅肉

有句老古话，叫“癞蛤蟆想吃天鹅肉”。这句话你们晓得是如何来得吗？喏，这里面听说还有个故事呢。

在很早以前，也说不清楚是什么朝代，杭州城里厢有一个姓赖的官家少爷，仗着自己父亲在京里当官家里有的是钱，从小就不学无术，无恶不作。等他长大后，他父亲花了一大笔钱给他买了一个闲职官位，这下他更加得意了，从此官服一穿，耀武扬威，整天不是花天酒地，就是欺压百姓。杭州城里的老百姓看见他都惹不起，躲着走了。

这一天，赖少爷突然感到在杭州没味道了，好玩的地方都玩到了，于是便带了几个随从出城去玩玩。一来二去，他来到了余杭径山。他刚一到径山，就被径山的风光迷住了。于是决定在这儿住上几天。由于他在杭州霸道惯了，到了径山还是一副老样子，喝茶、吃饭仍然都不给钱，谁要是去问他讨钞票，轻者他抬手就打，重者就砸了人家的摊子。这一来，径山来了一霸，径山的百姓全都气愤不已，怨声载道。有人就把这个赖少爷欺负民众的事情报告给了余杭的县太爷，希望官府予以惩办。谁知自古以来官官相护，那县太爷知道赖少爷的底细，哪里敢得罪赖少爷，一听他来了，不但不制裁他，反而把他请到府中好宴款待了一番。这赖少爷有了县官的撑腰，更加为非作歹，径山的老百姓上告无门，只好忍气吞声，唯恐躲避不及。

这天，径山脚下出现了一个卖烤羊肉的摊子，烤羊肉的是个老人，也不知他用了些什么调料，那羊肉的香味足跳飘出两三里路外面。赖少爷大老远就闻到了香喷喷的味道，当即急冲冲地赶到那老人的摊前，二话不说，抓起一串就吃，那烤羊肉味道确实是好，赖少爷边吃边点头："嗯，好吃！好吃！"那卖烤羊肉的老人朝赖少爷笑笑，说："肯定好吃！好吃你就多吃点。"赖少爷点点头，嘴里吃一串，手上拿一串，一会功夫，十来串羊肉下了肚。他一抹油乎乎的嘴巴，扭身要走，那烤羊肉的老人忙说道："少爷，给点钱吧。"那赖少爷眼珠子一瞪，呵斥道："瞎了你的狗眼，本少爷吃你点东西是看得起你，还敢要钱。再说一声看我收拾你。"那老人忙点头赔笑："谢谢少爷赏脸品尝，只要少爷你高兴，明天还请你吃！"赖少爷说道："这还差不多。"说完，大摇大摆走了。等那赖少爷走后，那个卖烤羊肉的老人脸上微微一笑，也收起摊子离开了，生意也不做了。

原来，这卖烤羊肉的老人是专门来整治赖少爷的。他的烤羊肉专门给赖少爷一个人吃的。这个老人是径山上的药农，长年在山上采药。当他得知赖少爷在径山横行霸道而官家又不加干涉的消息后，便决定出来惩治一下这个恶少爷。于是，他在作料中加入了一种能使人皮黑肉烂的草药，来专门对付赖少爷。果然，第二天赖少爷就出现浑身瘙痒，头脸上多处生疮流脓，衣服里面就更别说了。他不知何故，就在当地找了个医生。医生也对赖少爷的劣行愤慨不已，就解释为水土不服，不用调理，过些日子自然就好了。赖少爷一听没什么事，也就放下心来，既然是水土不服，那就准备走吧。

当他最后一次登上径山游览时，仍然哼着小曲，一晃三摇。突然，他的眼直了，迎面过来一位少女，与他擦身而过。这赖少爷想："没想到这径山还有这美若天仙的姑娘呀。"一时间痴迷得口水都流出来了。他急忙扭身拦住那姑娘，要姑娘跟自己去享福。姑娘看着他头脸上流着脓液的疮眼，不禁皱眉掩鼻，厌恶地转身要走，赖少爷哪里肯放，伸手去抓姑娘的衣袖，姑娘甩袖加快了脚步。赖少爷见姑娘执意不从，一时性起，张口骂道："你这小贱人这么不识抬举，老爷我看上你是你的福气，竟敢抗拒老爷的兴致，看我现在不取了你！"说完，上前一步抱住那姑娘。那姑娘气愤之极，拼死挣扎，与赖少爷打斗起来。可她哪是这恶棍的对手，很快就没了力气。

当他们拉拉扯扯到达一个陡坡边时，姑娘用尽全身力气一下子把赖少爷推松了手，然后飞身鱼跃，从陡坡上跳了下去，着地后顺着山坡滚了下来。正在这时，一只白天鹅凌空展翅飞了过来，在姑娘即将流落到山脚时，一个俯冲飞到了下面，正好接住翻滚下来的姑娘，驮着她飞了起来，在空中盘旋了几圈，然后落在一个池塘里。这时人们发现姑娘不见了，她变成了白天鹅，随着救她的白天鹅一同浮在了水中。

赖少爷见姑娘跳下坡，吓了一跳，心想：“出了人命就麻烦了。”可后来见白天鹅救了她还落到了湖面，不禁大喜，连忙跑下山来，赶到池塘边上想办法抓天鹅。正当他急得跺脚时，那只白天鹅突然飞了起来，冲着他就撞了过来。赖少爷躲闪不及，“扑通”一声摔进了水里。

看见的人都说，赖少爷坠水以后变成了一只青蛙。但是由于他浑身长满了毒疮，样子奇丑无比，人们就给他起名叫赖蛤蟆。只见他蹦来跳去，张着大嘴冲着白天鹅“呱呱”乱叫，人们又说：“这只赖蛤蟆想吃天鹅肉呢!”

正是发生在径山的这段故事，成就了一句民间谚语：“赖蛤蟆想吃天鹅肉。”

讲述人: 赵大陆　男　1943年1月生　双溪村台山人

讲述地点: 双溪村台山

记录地点: 2007年8月

巧妇妙对骂秀才

很久很久以前，径山脚下有一个小村坊，村里出了两个秀才，一个姓温，一个姓申。这两个秀才平时仗着自己有点文化，看不起村里的人，平日里老是想事体刁难村里的老百姓。所以，村里的人对两个秀才恨得要命，背后都骂他们为“瘟生秀才”。

再说，这个村里有个姓张的小伙子，名叫张阿根。这个张阿根从小父母双亡，靠给人家看山林过日子。小伙子人长得结结实实，可惜十分内向，不太会说话。也许是成年累月在山上的缘故，多见树木少见人头，从而养成了他不喜欢说话的习惯，大家都说他是“三拳头砸不出一个屁”来的人。

想不到呆人有呆福，阿根长到20岁，竟娶了邻村聪明能干的阿巧姑娘为妻。阿巧姑娘嫁过来时娘家还陪嫁了一头小黄牛，从此，夫妻俩租了一亩三分地，阿根在外种田，阿巧在家织布，夫妻俩恩恩爱爱，小日子过得十分舒畅。

这天早上，阿根赶着小黄牛出去种田，他让小黄牛在山上吃草，就管自己到田畈里劳动去了。可等他从田里忙好后上来，却四处不见他那小黄牛的身影。这下，阿根急坏了。这头牛可是他家唯一的家当啊！阿根赶紧四处寻找，整个山坡都找到了，可还是没找到他的小黄牛。阿根无法可想，只好回家告诉老婆，让她想想办法。

阿根一进村口，发现自家的小黄牛正吊在村东头的温秀才的道地上。阿根高兴极了，当即上前解开牛缰绳，牵了牛就要走。这时，温秀才从屋里走出来，夺过牛缰绳，气势汹汹地说："这是我家的牛，你凭啥要牵走它？"

这一下，阿根气得脸红脖子粗，可就是说不出一句话

来，只是紧紧地抓着牛缰绳不松手。两人正在僵持的时候，申秀才刚好从那路过，一问情况，晓得温秀才要霸占人家的牛了，脑筋一动，欺侮阿根不识字，想从对对子上头难倒阿根，以便让他这个好兄弟冠冕堂皇地霸占阿根的小黄牛。于是，申秀才便叫他二人先把小黄牛拴在树上，然后说："你俩不要争，也不要夺，我来出个对子，你俩谁对上了，这小黄牛就归谁。"没等阿根说话，温秀才急忙应道："好，好！就这样办。"

申秀才见阿根吭吭哧哧说不出话，得意地一笑，狡黠地说："我说的这个对子里，要有'尖尖'、'圆圆'、'千千万'、'万万千'，最后还要回答别人的一句问话，说一句那还用说。"

温秀才一听，抢先说道："我的笔头儿尖尖，笔杆儿圆圆，写出的大字千千万，写出的小字万万千。"

申秀才接口问道："那你一手字肯定写得不错吧？"

温秀才答道："那还用说！"

说罢，温秀才上前解开牛缰绳，就要把小黄牛拉回家。阿根一看急了，上前抓住牛缰绳不丢。申秀才眼一瞪，斥责阿根说："这就是你的不对了！刚才说得好好的，谁对上对子了，这牛就是谁的。现在温秀才对出来了，你怎么又反悔？滚一边去！"

阿根闻言，又气又急，有心对对子吧，又不知如何去应对；不对对子吧，眼看着自家的小黄牛就要被温秀才霸占去了。正在干着急不出汗的时候，他老婆阿巧闻讯赶来了。听阿根把事情经过一说，张口便说："这个对子又有何难？"

申秀才一听，不屑地说道："你好大的口气！你要是能按要求把对子对出来，就让你们把这小黄牛牵回去。"

温秀才也说："好！你要是对出来了，这牛我就不要了！"

阿巧面对温、申二秀才，大声说道："你们两个狗眼看人低的瘟生秀才听着：我的脚趾儿尖尖，手指儿圆圆，养活的大混蛋是千千万，养活的小混蛋是万万千！"

两个秀才一听，气呼呼地齐声问道："你这是在骂我们吗？"

阿巧快意地答道："那还用说！"说完，趁两个秀才气得大眼瞪小眼的时候，同阿根牵着自家的小黄牛回家去了。

讲述人：赵大陆　男　1943年1月生　双溪村台山人

讲述地点：双溪村台山

记录地点：2007年8月

一只白老鼠

很久以前，径山脚下有个名叫长乐的小镇，小镇边上住着一对老夫妻，老头子姓王，大家叫他王大伯，老太太不知道姓什么，大家都叫她王大妈。老俩口没有子女，年纪大了，地上的生活做不动了，就在家门口摆个糖摊，自己做点老姜糖、薄荷糖卖卖。好在长乐镇虽然不大，来往的人流倒很多，特别是各地来的烧香客，都喜欢到王大伯的糖摊上买点老姜糖、薄荷糖尝尝。老俩口靠这糖摊赚点小钱，日子勉强还可以过下去。

王大伯隔壁是一家丹阳人开的点心店。这天晚上，点心店的伙计在做生活时发现了一只老鼠，不由大喝一声，叫来其他伙计，想抓这只老鼠。那老鼠被他那声大喝一吓，一下跌进了水缸里，马上从水缸里跳了出来，谁知却又跳进了面粉堆里，在面粉堆里打了个滚，一下子，变成了一只白老鼠。其他几个点心店的伙计被同伴喊过来抓老鼠，一看见这白老鼠，大家都吃了一惊，从来没见过白老鼠呀。这时，白老鼠赶紧顺着一个地洞钻到隔壁去了，点心店的伙计连声喊："快来呀，白老鼠逃到王大伯家去了。"

过去一般的人家，屋里墙壁都不讲究，大都是毛竹片编编外面糊上烂泥，隔音效果绝差。这边大闹抓老鼠，那边原本睡着的老王夫妻俩也老早被吵醒了，只听得隔壁有人说："白老鼠逃到王大伯家去了。"一只老鼠，王大伯也不当回事情，翻了个身，叫老太婆继续睡觉。可他老太婆却好像突然想起了什么，对王大伯悄悄地说："老头子呀，我小辰光听老辈的人讲过，白老鼠是财神菩萨变的。财神菩萨如果去给人家送财宝，时常是变成一只白老鼠去的。"

"真的？真有这样的事？"王大伯一下跳了起来。

"嘘……老头子，你轻点。"王大妈又说："如今白老鼠来到我们家，一定是财神菩萨看我们两老可怜，前来送金银财宝了。你快点起来，看看这白老鼠在哪里。"

王大伯答应一声，赶紧起床。他点了一只油盏火，四下一打量，果然发现一只浑身雪白的老鼠蹲在他们床下。那老鼠看见人，一慌，一个转声钻到灶头旁的一个地洞里去了。王大伯一看，开心呀，当即轻轻告诉老太婆："老太婆呀，刚才白老鼠钻到灶头下面去了。我想，这可能是灶神菩萨显灵，告诉伢，这笔横财应该是在灶头下面。"

王大妈一愣："灶头下面，怎么办呀？"

"把灶头拆了！"王大伯十分干脆。

"可是，把灶头拆了，明朝伢烧饭怎么烧？"王大妈一时想勿通。

王大伯懊恼了："老太婆呀，你怎么介弄勿灵清，发了财，灶头可以重新打，打得更大更好，再说，就是不打灶头，有了钞票我们可以上馆子店里去吃呀，天天吃香的喝辣的！”老太婆想想，老头子讲得有理。老俩口统一了思想，动手拆起了灶头。

老俩口把灶头拆了，拆下来的砖头叠在墙边，又在灶头下面开始挖财宝，挖下来的泥土便堆在床底下，挖呀挖，挖出一个五六尺深的深潭，还是不见财宝。这辰光，鸡也啼了，天也快亮了，老头子泄气了，埋厌老太婆：“都是你，什么白老鼠，什么财神菩萨，如今辛苦了半夜，啥都没有，好了好了，还是睡觉，再不睡一会，力气也没有了。”于是，老俩口倒头便睡。

这老俩口平时起得很早，可是今天太阳升到老高了，还没见他们开门，邻舍隔壁都觉得奇怪，纷纷过来打听，老王是不是生毛病了？这辰光，点心店里有一个伙计告诉大家，昨夜我起来做点心，听见隔壁老王他们两人挖了一夜，好像是在挖什么横财。哦，大家一听，纷纷过去张望，从门缝中望进去，果然看见里面挖得一塌糊涂，连灶头也拆掉了。顿时，大家恍然大悟，老王昨日夜里挖到旺财了，所以今朝睡坦觉了，生意也勿想做了。

等到老王他们老俩口起了床，门口头已是十分热闹。老王昨日夜里发财的消息已经传得整个长乐镇都晓得了。平时同老王他们蛮讲得来，稍微能搭牢点关系的人，全都赶过来了。看到屋里挖了五六尺深的泥潭和堆了一地的烂泥，大家更加相信这个老王是真的掘到了旺财。大家纷纷问老王，到底掘到了些什么旺财？老王十分无奈，再三告诉大家，啥也没有挖到，可大家哪里肯相信。有个人说："财不露白，人多眼杂。王大伯这样做是对的，大家也不要逼他讲了。乡里乡亲的，今后谁家有点困难，我想王大伯肯定也会帮一手的。好了，此事就这样，大家先帮王大伯把泥潭填掉，把灶头打好。"

大家一听，纷纷说好。于是七手八脚地帮起忙来，还帮他去请了泥水师傅，重新打了一副大灶头，连钞票都勿问王大伯收。

王大伯浑身是嘴也讲勿清爽，他越说没有，人家越认为他有，他就干脆不讲了，随着大家去。眼看着大家帮他把灶头打了起来，泥潭填掉了，连墙壁也重新刷白了。他心里倒也蛮开心，反正是你们自愿帮我做的，我也管不了介多了，撞过去看，船到桥门自会直。

这里刚刚弄好，那边对面开南货店的赵老板过来了。赵老板平时与王大伯蛮讲得来，王大伯做老姜糖所需要的糖全是向赵老板买的，有时铜钱接勿牢的辰光欠上几天，赵老板也会答应。如今听说王大伯发了横财，赵老板当然也过来贺喜了。一进门，赵老板就朝王大伯拱了拱手："老王，你真是福气生在骨头里呀，祝贺你呀。"

王大伯摇摇头，长叹一口冷气："赵老板，我真当没有……"

"什么真当没有假当没有，财不露白，我懂的。"赵老板摆摆手打断了王大伯的话，又说道："老王呀，你虽然做的是小生意，但总归也是生意人。我们生意人应该以做生意为本，发了财本行也不能丢。我看呀，你那旺财先放着，继续做你的小生意。我最近进了一批糖，质量很好，我等会叫人送两包过来，糖钱么，我们到年底一起算好了。”说着，起身告别。不一会，果然有两个伙计背了两包糖过来。

老王感叹万分，大家都当我发财了，不过这发财的感觉也真好，灶头有人帮忙白打，墙壁有人帮忙白刷，就连做老姜糖需要的原料都有人送上门来。呵呵，既然你们介客气，我就把它当福气啰。这两包糖我就拿来做姜糖，卖下来的钱再来付糖钱好了。于是，他拆开一包糖，把糖放进缸里去。突然，他发现其中有一个大糖块，总有五六斤重，心想这个糖块先拿来做吧，就把糖块放在锅子里，用水溶化。可哪里想到，等到糖块化开，里面竟出现了五只金光灿灿的金元宝！天呀，王老头眼睛都直了，这下真的发旺财了！他赶紧关好门窗，叫来老太婆：“老太婆，老太婆，我们真的发旺财了！”

老太婆过来一看，哇，差点叫了起来。忙问老头子是哪里来的。老头子告诉她是从糖里溶化出来的。老太婆当即就说：“不是还有一包糖吗？快去看看，那一包里有没有？”对呀，王老头当即醒悟过来，连忙去拆另外一包糖。结果，在那包糖里同样发现了一个大糖块，放在锅里一溶化，天呀，也是五只金元宝！

老太婆开心煞了：“我说白老鼠是财神菩萨变的，你还不相信。”

老头子好气又好笑：“你说什么白老鼠，黑老鼠，我们辛苦了半夜，不是什么也没有挖到吗？”

老太婆伸手点点老头子：“你呀，真是个木脑子，你想过吗，没有白老鼠，赵老板这两包糖会赊给你吗？”

王老头想想觉得也有道理：“你介一讲，倒也有点道理。”

老太婆高兴了：“当然有道理呀，白老鼠可不是你想看就能看得到了，你活介大年纪，平时有没有看见过啦，它可是财神菩萨变的呀。对了，我想起来了，这糖里有金元宝，赵老板肯定是勿晓得的，你明天再去找他，把他剩下的糖全都买下来，说不定里面还有金元宝呢。”王老头一听，连声说：“好！好！好！”其他话他已激动得说不出来了。

当天夜里，王老头就去找赵老板了，他神秘兮兮地摸出一个金元宝，对赵老板说：“赵老板，这些年来，你对我的帮助也真勿少。如今，我发财了，我瞒别人却不会瞒你，这个金元宝我就送给你！”

赵老板捧着金元宝，激动得手都抖了：“王……王大伯，这……这我不好意思呀，这礼太重了……”

王老头笑了：“哈哈，小意思。赵老板你就收下吧，我还有事情要麻烦你呢。”

“什么事，你说。”赵老板急忙催着王老头说话。

王老头笑了笑，说：“是这样的，如今我发了财，我想把糖摊搞搞大，开一家糕饼糖果店。今天来呢，有两件事要你帮忙，一个呢想请你帮我物色一下房子，这糖果店开在哪个地段好，你赵老板开店多年，这方面自然比我内行。另一件事是你上次赊给我的糖质量的确很好，不知你仓库里是否还有，如果有，我想全部问你买去。”

赵老板一听，笑了：“好说好说，这两件都是小事。你开糖果店我支持，明天我给你去请个风水先生，干脆买块地皮自己造房子。至于那批糖么，我也不瞒你，这批糖我一共进了一百包，卖糖给我的是个放排人，他放排到外地，途中有人把这批糖低价卖了给他，他回来后又把糖卖给了我。我估计这糖的来路不是很正。不过，我看糖的质量很好，加上他开出的价格也实在便宜，于是就收下了，现在仓库里还有九十八包，全部按进价给你好了。”

“谢谢！谢谢！”王老头连声道谢。

就这样，王老头卖掉了几只金元宝，造起了三进大屋，那个小糖摊摇身一变，成了个糖果糕饼店，光糕饼师傅就请了十来个，生产各色糕饼和糖果，自己当起了老板。别的生活他不做，化糖的生活却不用别人做，因为那糖块中有金元宝呀。说来也奇怪，那九十八包糖与前面两包完全一样，每一包里都有五只金元宝。

王老头发了，老太婆请人用银子打了只白老鼠，供了起来，以示纪念。

也许有人要问，那糖里的金元宝是怎么回事呢？

原来，那批糖是京城一个姓钱的贪官的。这个贪官搜刮了不少钱财，眼看快要告老回乡了，就想把金银运回家去。可他又怕途中不安全，于是，便买了一批糖，把金元宝用糖包起来，放在每一包糖中，派了一个心腹家丁雇船运回家乡。哪里晓得这个家丁是个好吃懒做的家伙，船到苏州，在河埠头碰到一个撑排的，七说八说就按市场的半价把一百包糖全都卖给了他，自己拿着卖糖的钱上岸潇洒去了。那个撑排人又把糖运回来卖给了赵老板。可惜这几个人一个个全都是过了过手，撑排人和赵老板在买糖时总算用心了，也只是打开麻包稍微检查了一下，谁都没有把全部的糖倒出来看看，都没有福气享受那些金元宝。结果造化了王老头。倒是那个姓钱的贪官，当了一辈子的官，贪来的钱却无影无踪了，你说有趣不有趣？

讲述人：洪慕尧　男　1907年生　麻车头村长西人

讲述地点：麻车头村长西

记录时间：1986年9月

张先生治“鬼病”

老底子，双溪街上有个郎中先生，姓张，大家都叫他张先生。这个张先生医术高超，治愈了很多疑难杂症，名传方园百里。

这天清晨，一阵急促的敲门声将张先生惊醒，开门一看，原来是双溪街上开油坊的刘来福两口子。一进门，刘来福的老婆就大喊：“张先生救命！”张先生连忙将两人请进屋里，这才问道：“别急，告诉我，出什么事了？”来福的老婆哭哭啼啼将事情经过说了一遍。原来，几个月前，刘家油坊闹上了鬼，半夜里，楼梯上时不时的竟会发出脚步声来，后来越闹越凶，只要入夜，那鬼便会出来，直到天明才会安生。好事不出门，坏事传千里。这刘家油铺闹鬼的事竟一传十，十传百的传开了，而且还越传越凶，有人说，这刘家老板做买卖做黑了心，不知干了啥伤天害理的事，一准是冤鬼找上了门。因此，这买卖一天不如一天。来福两口子请来法师、和尚捉妖驱鬼，折腾了好几回，银子倒是花了不少，可就是没有奏效。就在昨天夜里，那鬼声音又响了起来，来福与老婆大着胆子把门打开，从门缝里往外看，竟连个鬼影子也没有。来福壮起胆子提着个灯上了楼，可刚走到半截，只听那声音又响了起来，震得楼板直发颤，来福一慌张，竟从楼梯上滚了下来，灯打翻在地，火苗子直烧上了柜台，来福的老婆倒还算机灵，端出一盆水将火扑灭，火虽然是没烧起来，可来福却吓成了一个呆子，目光呆滞，脉搏紊乱，吓得他老婆一大早就带他来找张先生救命了。

张先生听后，沉思片刻，道："来福摔了一跤，身上有点硬伤。说实话，这硬伤我治起来很简单，不过，心病却有点难治。这样吧，你夫妇二人先在我家好好休息，待我想办法，到你家去把那鬼捉出来哟。"

当天晚上，张先生带着一个伙计，还带着一个木箱与一只铁笼，赶到了刘来福的油坊中。

第二天一大早，张先生便将刘来福夫妇叫了起来，让他俩跟他一起去油坊，然后又请来了街坊四邻。人们进了油坊，只见堂屋中央放着个方方的物件，被一块黑布盖了个严实，还没等人们纳过闷来，就听张先生言道："各位，今天把大家请来，就是想让大家看看，害了来福的恶鬼是个啥模样？"这话一出口，人们都被吓了一跳。来福媳妇忙问道："先生，难道……难道说，您真的将那鬼抓住了不成？"张先生一笑："那是自然，还不只一个哩。"言罢，他猛的将那块黑布揭开，只见一只铁笼里关着大小一群老鼠。大伙一看，不由得哄堂大笑起来，有人说："张先生，这就是您捉的恶鬼呀？要是这么说来，岂不是人人家里都有了鬼？"张先生听了这话不急也不恼，道："大伙先不要笑，你们离近了再仔细看看。"

待人们走近了一瞧，个个竟都张大了嘴巴。那老鼠却是普通老鼠无疑，可就是每只鼠尾上都有个梨头大小的圆坨子。人们问，这老鼠何以是这等模样？张先生撸了撸胡须，道："这一窝老鼠居于楼上榨油房内，每日夜里出来用尾巴偷油吃，尾巴上沾了油，碰到其他东西便沾了起来，日久天长尾巴上便结出了坨子，上下楼梯，那尾巴击打在楼梯木板上，自然就发出了那鬼怪之声。我儿时在自家厨房也曾见过这样的老鼠，何况这油坊里啊！"

人们听后，这才恍然大悟。来福的老婆点了点头，问道："如此说来，你昨天晚上就是来捉老鼠的？""正是，我让木匠做了只箱子，做的滴水不漏，罐上水后，再把麦糠撒在上面，放在楼梯上，夜里，老鼠下楼，不知麦糠下面是水，便掉了进去。"说到这里，张先生命伙计将笼子打开，放出了老鼠。老鼠出笼，跑上楼梯回窝，弄的楼梯"噔噔"作响。张先生拍了拍刘来福，说："来福。你听，此声音可是鬼声？"刘来福呆滞的双眼突然有了神采，突然，手指着楼梯张大嘴巴竟"哈哈"大笑起来。

张先生撸撸胡须点了点头，对刘来福的老婆说："你丈夫心中之鬼已除，没问题了。油坊继续开业吧！"

就这样，张先生治好了刘来福的"鬼病"，一时，名声更响了。

讲述人：赵大陆　男　1943年1月生 双溪村台山人
讲述地点：双溪村台山
记录地点：2007年8月

后记

本人从事基层文化工作26年，主编过一些书，也帮人策划出版过几部书，就是没有出版过自己的个人专著。说起来，出书这个想法还是有的，但总觉得水平有限，作品不多，加上工作又比较繁忙。再说，如果把自己多年来“胡编乱造”的小说、散文、论文、民间文学精选汇编可能容易些，以民间传说出版专著就困难得多了。回顾近30年来，我一直在搜集整理民间文学，多次进行民间艺术采风活动，搜集了将近150个民间传说故事，但书稿挑选受地域限制，形式束缚，难度不小。今年初，在丰兄甘弟的怂恿与“逼迫”下，总算狠下心，翻“旧账”理“新账”，三下五去二，挑选60篇民间传说故事，汇编成《径山民间传说》一书。

我热爱民间艺术，酷爱民间文学，爱好民间传说故事的搜集。这，跟我人生的经历有关。父亲憨厚勤劳，母亲善良勤俭。那年，母亲挺着大肚子在田畈里收割稻谷，觉得肚子很痛，并挑一担稻谷回来的第二天生下了我。7岁的我给生产队放牛，9岁放鸭，12岁在美女山挑碲石挣工分。我们兄妹6个，有姓陈姓洪的兄长，也有姓陈姓洪的妹子，这两姓便孕育成我的现名。很多人都是羡慕童年，我对孩提时代从不眷恋。那时家里没有广播、没有电视，更不用说动漫童话。只有天上的太阳公公、月亮婆婆。

夏夜，我们在大树下，望着月亮，听着叔公讲小人偷白鲞的故事；冬天我们在暖暖的太阳下，听三婆讲猴子偷西瓜的传说，这就是我们童年时代的最大喜悦。在渐渐长大的过程中，我听到祖辈百年前从温州平阳举家逃荒移居此地的事，听到了“长毛”造反的事，听到了美女山、将军山的故事。于是，我爱上了民间传说故事的搜集。

1982年2月，我如愿进入公社文化站工作，接触这方面的事就多了。参加省的民间艺术培训，参加下沙、太平、三白潭等地采风活动，2006年又参加了中国非物质文化遗产保护·余杭论坛，频繁接触一批从事民间艺术工作的专家老师，如省市里的王淼、张卫东、陈德来、王恬、顾希佳、林敏、郑蓉等先生，本地的张长工、陈顺水、范自强、丰国需、冯玉宝等先生，还有20年来在创作、编刊等方面给予我指导的赵焕明先生。文艺界甘士明、白植槟、高长虹、高挺等老乡对本人工作也一直给予支持。朋友、领导的关爱使我如沐浴雨露，走进了民间艺术的殿堂。本人挖掘恢复的径山茶艺、长乐草龙、径山禅茶鼓乐、径山茶灯等民间艺术获区金奖、银奖，撰写论文《论乡镇文化员保护非物质文化遗产的职责》获省一等奖，并被授予“余杭区民间艺术家”称号。

径山的山水哺育我成长，径山的深厚悠久的文化是促使我搜集民间艺术的源泉和动力。博大精深的径山禅茶文化，地方特色鲜明的径山民间艺术，为我的搜集工作营造了海阔天空的资源环境。我热爱家乡，我为径山人而自豪，搜集整理径山民间传说故事，我责无旁贷。我搜集的民间艺术有表演类、歌谣类、传说类、故事类、风俗类等方方面面。可谓包罗万象。有很多传说已被为径山蓬勃兴起的旅游服务，这当中很多传说已被业主广泛运用，深受大家欢迎。

这次编入书的民间传说故事60个，这些传说故事都是在径山当地流传的，其中地方传说38个，民间故事22个。有的反映事件典故，有的说明地名来历，有的讲述人间故事，都具有代表性、地方性、思想性、文化性和民族性。

民间文艺是非物质文化重要内容，更是优秀民族文化的重要组成部分。作为一名民间文艺工作者，将这些“精神宝贝”编辑出版，既是一份心愿，更是一种责任。今后我将更务实、更努力地去做这方面工作，守护精神家园，把径山的非物质文化遗产保护工作做得更好、更有成效。

此书出版得到径山镇党委、政府的高度重视，镇党委吴佩翔书记题写书名，宋祖建镇长和省民间文艺界老前辈顾希佳教授分别为本书作序，区委宣传部、区文联、区文化广电新闻出版局和杨忠培、谢国旗等镇领导对本书的出版十分关注，区民间文艺家协会丰国需主席对本书文稿进行精心润色，周子龙、宋德光先生为本书精心绘画插图，所有讲述人耐心细致的讲述，在此一并深表谢意。

原本就是一个地道农民，水平有限，书中差错难免，望谅解指正。

2007年11月